典传筋骨开发系列

传统武术筋骨训练法揭秘

陆功翰 著

人民体育出版社

图书在版编目（CIP）数据

传统武术筋骨训练法揭秘 / 陆功翰著. ——北京：人民体育出版社，2021（2024.5重印）
（典传筋骨开发系列）
ISBN 978-7-5009-5847-5

Ⅰ.①传… Ⅱ.①陆… Ⅲ.①武术–运动训练法–中国 Ⅳ.①G852.02

中国版本图书馆 CIP 数据核字（2020）第161386号

*

人民体育出版社出版发行
北京新华印刷有限公司印刷
新 华 书 店 经 销

*

787×960　16开本　8.75印张　126千字
2021年1月第1版　2024年5月第4次印刷
印数：8,001—10,000册

*

ISBN 978-7-5009-5847-5
定价：52.00元

社址：北京市东城区体育馆路8号（天坛公园东门）
电话：67151482（发行部）　　邮编：100061
传真：67151483　　　　　　　邮购：67118491
网址：www.psphpress.com

（购买本社图书，如遇有缺损页可与邮购部联系）

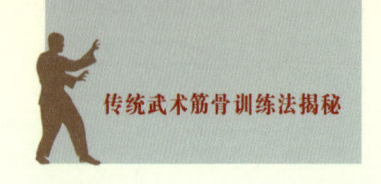

对于典传体系习练者，可以通读，主要推荐一、三、四、十部分的内容。

第十二部分开胯篇，以文字的形式，公开开胯的练习方法，希望对大家开胯练习起到帮助作用。

本手册文字简练，道理简单易懂，是陆功翰师父多年练武的总结，对武术习练者的指导意义是非凡的。

希望获得或者看到本册内容的同好，能真正地扩大自己对国术的理解，这也不失为对国术传播的大力支持。

典传教学组

目 录

一、典传篇 …………………………………………（1）

    1.1 典传体系 ……………………………………（2）

    1.2 典传体系入门怎么练 ………………………（3）

二、说功夫　话国术 ………………………………（7）

    2.1 什么是功夫？ ………………………………（8）

    2.2 功夫的实质 …………………………………（9）

    2.3 功夫误区 ……………………………………（12）

    2.4 功夫的几个层次 ……………………………（13）

    2.5 功夫的分水岭 ………………………………（13）

    2.6 功夫的高层次——驳骨感 …………………（14）

    2.7 最纯粹的功夫就是本能 ……………………（14）

    2.8 功夫可以从"典传"开始 …………………（15）

三、筋骨关节 ·· （17）

3.1 筋骨论 ·· （18）
3.2 "撑筋拔骨"是关键 ······················ （20）
3.3 拉韧带跟开关节的区别 ···················· （22）
3.4 关节的松紧变化 ····························· （23）
3.5 力圈很重要 ··································· （24）
3.6 练拳要明五圈 ······························· （25）
3.7 胯要固还是要动 ····························· （26）
3.8 胯的重要性 ··································· （26）
3.9 动腰还是动胯 ································ （29）
3.10 肋的实质 ····································· （29）

四、内脏篇 ·· （33）

4.1 论丹田 ··· （34）
4.2 所谓"内功" ································ （36）
4.3 内脏如何发劲 ································ （37）
4.4 内脏强则身强 ································ （38）
4.5 易筋、易骨、易髓 ·························· （39）

五、知其然后知其所以然 ……………………（41）

5.1 "撑"与"蹬" ……………………………（42）

5.2 "定步"与"动步" …………………………（42）

5.3 "劲"与"力" ……………………………（43）

5.4 "式"与"势" ……………………………（44）

5.5 "打击"与"冲击" …………………………（44）

5.6 "放"与"打" ……………………………（45）

5.7 "内"与"外" ……………………………（45）

5.8 "擒"与"阻" ……………………………（46）

5.9 "快"与"慢" ……………………………（46）

5.10 "松"与"紧" ……………………………（47）

5.11 "一横，一竖" ……………………………（48）

5.12 "起如挑担，落如分砖" …………………（48）

5.13 "整体劲"与"肢体劲" ……………………（49）

六、明拳理 述拳论（一） ……………………（51）

6.1 颤劲可使日月无光 …………………………（52）

6.2 出手如挫，回手如钩 ………………………（53）

6.3 在意不在力 …………………………………（53）

6.4 练拳不练功，到老一场空 …………………………（54）

6.5 内，无有不借外成 ………………………………（54）

6.6 轻出重收 …………………………………………（55）

6.7 内五行要动，外五行要随 ………………………（56）

6.8 起不起，无须再起；落不落，无须再落 ………（57）

七、明拳理 述拳论（二） …………………………（59）

7.1 千金难买激灵颤 …………………………………（60）

7.2 前阴后缩两肋开 …………………………………（60）

7.3 三回九转是一式 …………………………………（61）

7.4 三口并一口，打人如同走 ………………………（61）

7.5 身如弓弹 …………………………………………（62）

7.6 束涨二字一命亡 …………………………………（62）

7.7 贴背以转抖 ………………………………………（63）

7.8 腰马合一 …………………………………………（63）

7.9 一枝动，百枝摇！ ………………………………（64）

7.10 在意不在气，在气则滞，在意则灵 ……………（65）

八、典传二三话 …… （67）

8.1 鹰捉虎扑双双起（一） …… （68）

8.2 鹰捉虎扑双双起（二） …… （69）

8.3 夹肘提内 …… （69）

8.4 刮地风之我见 …… （70）

8.5 百招会不如一招鲜 …… （71）

8.6 劲力根源 …… （72）

8.7 所谓"六合" …… （73）

8.8 动物给我们的几点启示 …… （73）

8.9 练功四步曲 …… （74）

8.10 练拳误区 …… （75）

8.11 如何保护膝盖 …… （76）

九、心有丘壑　细嚼留香 …… （79）

9.1 灵劲 …… （80）

9.2 缩涨 …… （80）

9.3 点火论 …… （81）

9.4 翻浪劲 …… （81）

9.5 惊劲 …… （82）

编者的话

编写筋骨开发系列图书，旨在供典传门人以及广大武术爱好者借鉴、研习和参考，以达弘扬国术、保留国粹、为后学者指明道路、不失真传的目的。同时，进行系统性的筋骨训练，对人体保健养生也具有非常好的作用。古语有云：筋长一寸，寿长十年，即有这方面的道理在里面。

本册为典传手册第一册，主要是从典传体系和对传统武术的分析、拳理的见解入手，阐述国术的真谛。

开篇简短说明了典传体系的内容，从第二章开始详细地对功夫进行解读。典传体系的初学者，可以主要看筋骨关节和内脏篇的一些介绍，在初步了解的基础上，明白我们为什么要强调筋骨、关节、内脏的训练。习练多年的武术同好可以对第五章以后的内容多加了解，以丰富自己的拳理体系。

9.6 劲意 …………………………………………（83）

9.7 钢珠包 ………………………………………（83）

9.8 千斤坠 ………………………………………（85）

十、说一千　道一万 ………………………………（87）

10.1 "手，眼，身，法，步" ……………………（88）

10.2 功夫在背 ……………………………………（88）

10.3 将身体挂在手上 ……………………………（89）

10.4 力求于"阻" …………………………………（90）

10.5 练步在身 ……………………………………（90）

10.6 龙虎之劲 ……………………………………（91）

10.7 气浮于胸，必不利于发劲 …………………（92）

10.8 取"法"为拳 …………………………………（92）

10.9 尾闾升劲 ……………………………………（93）

10.10 以"梢"为气 …………………………………（93）

十一、杂谈 …………………………………………（95）

11.1 何为大筋 ……………………………………（96）

11.2 典传国术与养生 ……………………………（97）

11.3 筋骨、关节、内脏与健康的关系 …………………（98）
11.4 练拳是门精细的活儿 ………………………………（99）
11.5 实战中传统拳缺少什么 ……………………………（100）

十二、开胯篇 ………………………………………（103）

12.1 开胯简述 ……………………………………………（104）
12.2 开胯练习方式 ………………………………………（106）
12.3 开胯练习误区 ………………………………………（108）
12.4 常见问题答疑解惑 …………………………………（110）
12.5 总结 …………………………………………………（112）

十三、后记 …………………………………………（115）

谈传统武术与现代搏击的异同点 ………………………（116）

附录：典传筋骨开发三大核心 ……………………（119）

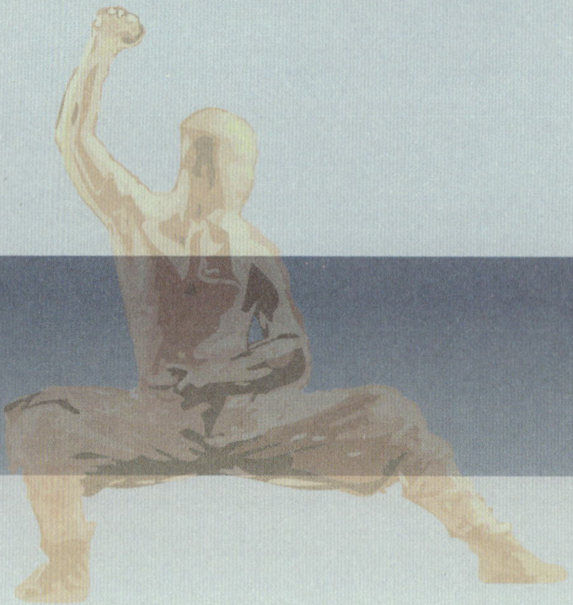

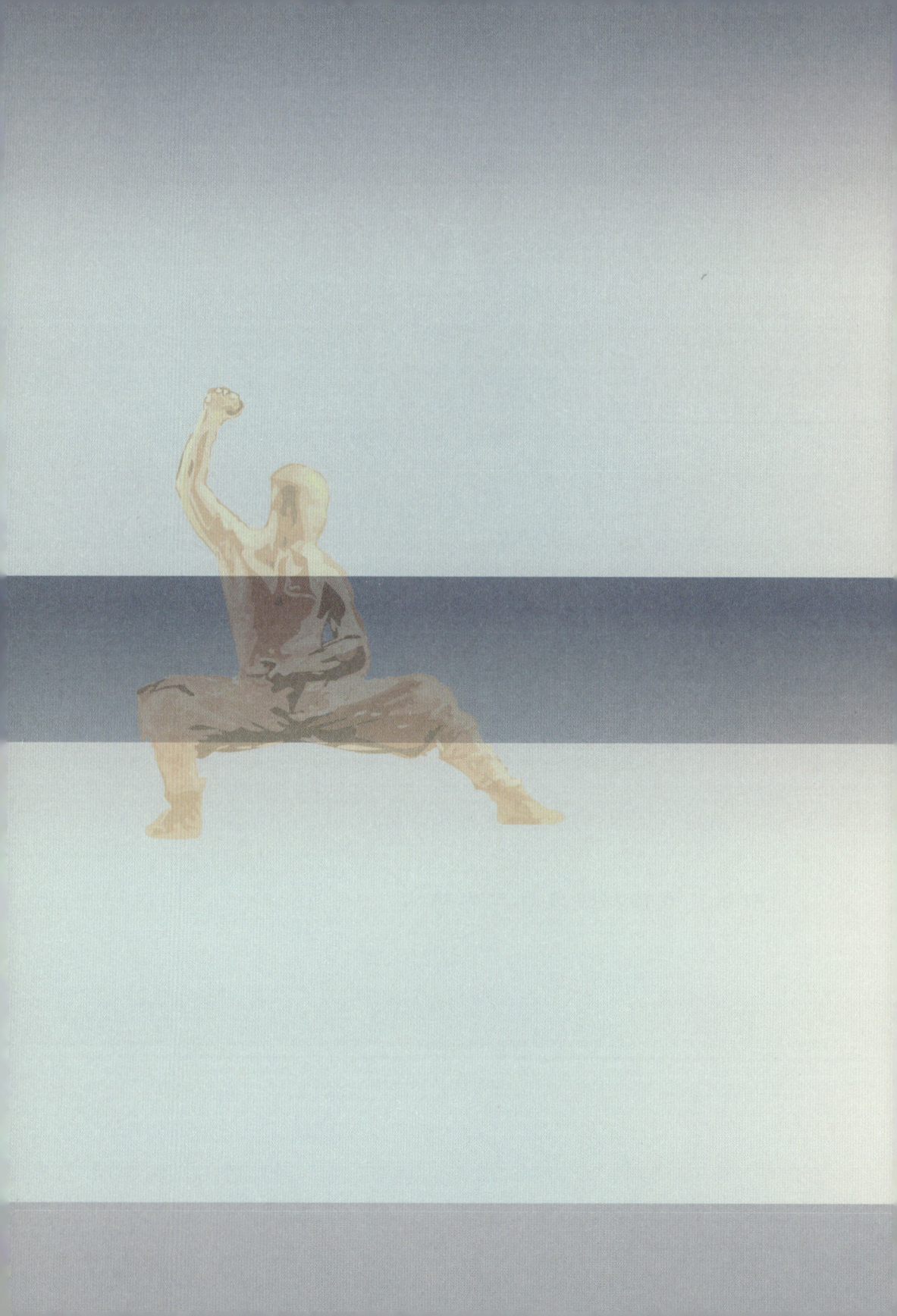

一、典传篇

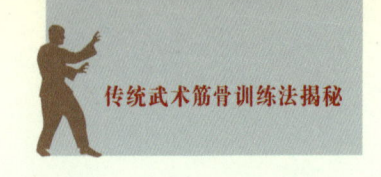

1.1 典传体系

功夫是对人体功能的开发和强化，关节、筋骨、内脏在传统拳中是构成劲力体系的几大要素。脱离开这些，一切都是凭空想象，是无法练出功夫的！骨架跟大筋构成了弓，内脏是弓上的加强弹丸，肢节（头、肩、肘、手、胯、膝、足）是打击的工具，用弹弓带动内脏一起，将身体的重量由筋骨弹射，直接作用于肢节，才是最霸道的劲力，杀伤力极大！

典传的练习体系，是以独特的发劲方式摆脱了力从地起的一贯做法，由人体自成五张弓发劲，可以做到两手两脚、两肘两膝同步发劲，而不受蹬地发力、力从地起原则的限制，最大程度地解放了人体！动物不练拳，但它们的攻击能力比人强得多，凭的就是天生筋骨内脏高度开发的程度！故而典传强调以筋骨、关节、内脏为根本的盘练法，意在短时间内使人体具备"高手"的若干项特点，同时通过具体的动作，进行组合，使人体达到高度的统一。

第一步要做的就是撑筋拔骨。所谓的撑筋拔骨，就是撑开骨节拔起大筋。很多人貌似很明白什么是大筋，可是真明白的人却真不多！大筋跟牛筋一样，是一种弹性十足的构件，如果可以，一样可以做成弹弓上的皮筋。弹弓打弹子的特性是速度快、力量透。如果我们把骨架比作弓架，大筋比作皮筋，那么，你的头、肩、肘、手、胯、膝、足就是弹子。

第二步就是辅以内脏。观动物奔跑时，内脏在胸腹腔间来回窜动，可见动物除了身体关节的开合度非常好以外，其内脏也具备了超强的运动和辅助运动的能力。内脏到底可以起到什么作用呢？往前，可以驱使

身体的惯性力增强，产生更大冲击力；往后，可以加大身体坐胯的重量，使胯产生反弹效果，周而复始。

那最后最重要的就是训练神经敏感，如火烧身般的连续不断、打倒人还嫌慢的气势。在日常生活中，我们突然去吓一只毫无戒备的猫，会发现，猫在瞬间的反应无懈可击，几乎是在你表现出吓的动作的瞬间，它也完成了整个躲闪的过程！某些动物确实可以做到心惊身动。如果有意识地培养这种能力，完全可以做到心惊带动横膈膜的动，横膈膜的动带动内脏的动，内脏的动带动全身筋骨关节的动，一个完美的劲力传输系统就呈现了。

在实战运用中，可以达到"彼不动我不动，彼预动我先动"的效果。如果可以把这种能力优化为一种主动进攻，那种攻击能力绝对是"眼到、手到、脚到，打人如拔草"！动物扑人时的野性，跟身体的惊颤之动是有直接关系的，说句大实话，如果能够用惊意控制身体的"颤"，那么就无所谓怕与不怕了，身体的速度超过了思维的速度，打倒人还嫌慢了！

故而可以视典传体系为一块基石，是武术入门的敲门砖。它适合并能融入任何功夫体系，又能在上面生根发芽，结出自己的果。

1.2 典传体系入门怎么练

典传筋骨训练法可分成盘硬式、软式两个阶段。硬式，是强开筋骨的一种方法，大筋的韧性很大，要借助人体关节的拧转，将大筋撑起来，通过数以千计的小筋膜拉伸，使大筋原有的崩弹特性展露出来。这是一个需要持之以恒练习的过程，一旦大筋撑开了，利用大筋的崩弹之

力，练拳不再枯燥无味，每一下都像在用自己的身体玩弹弓一样，有趣至极！

开始以拨胯、开胯为主。胯是人体中节的中节。胯跟脊柱的劲力合称为龙虎之劲，动物之奔跑捕物，而物不能逃，奥秘皆在于此！胯在内家拳中的地位非同小可，是内家拳发劲的核心部位。这就是一开始为什么要将胯盘开的原因。

盘筋骨就好比用面粉加水揉面团一般，开始面粉加少量水还比较硬，通过不断地揉搓，慢慢将其盘软，这也相当于我们在练拳时的一个进化的过程。

硬式跟软式之间，是一种自然过渡，是筋骨盘到一定程度必然出现的现象。我们的一些学员，在拨胯之初，会表现得非常硬，然后大筋会慢慢变得有弹性，接着，出现了"嘭、嘭"的大筋崩弹音，变得很有力道，再往后，就会感觉动作非常轻灵，但却能打出非常强悍的劲力，这就是一个演变的过程。

当我们完成了几个单一关节的盘练以后，便进入了初步组装的过程。这就像造汽车，是从造一个个零件开始的，我们的每一个关节，就相当于汽车的一个零件，然后进入初步的组装阶段。这时候，我们会盘练一些具体的动作。比如翻膀、双推把等，将胯劲、肩劲、脊柱劲等多种关节劲力加进来，通过一段时间的整合，形成整体劲力。

当单式动作可以打得炉火纯青时，又将进入另外一番天地，抖弹之间，可以连续打出两组以上的动作、七八个劲力攻击点。

然后辅以内脏的发力训练。内脏之运动，丹田之鼓弹，无论气存不存在，归根到底是横隔膜带动内脏之提坠，由此产生身体的垂直震荡，

从而产生巨大的身体冲撞力，作用于梢节，便可任意纵横，无坚不摧。身法，步法，皆源于此！

总的来说，典传筋骨体系可以分为以下几个步骤：

开关节，盘开肩、胯、肘、背、肋等各个关节，使骨缝撑开，大筋崩弹。

合关节，将盘开的各关节形成合劲，横竖相间，又称螺旋劲。

活内脏，内无有不借外成的，将内脏跟肢体联动，用内脏控制身体的发劲方向。

步法，步在胯，又与筋骨、关节、内脏息息相关，如猫之捕物，无所不体现。

打法，横以用竖，竖以济横，惊起惊落，硬打硬进。宁可一招精，不可千招会。

硬度，通过盘练钢珠包（五形掌）、盘桩，将拳、脚、肘、膝等关节练硬，从而达到招招是杀招的程度。

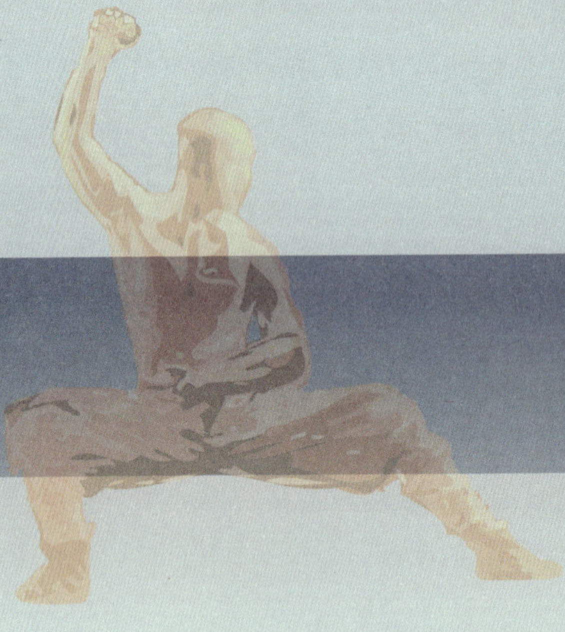

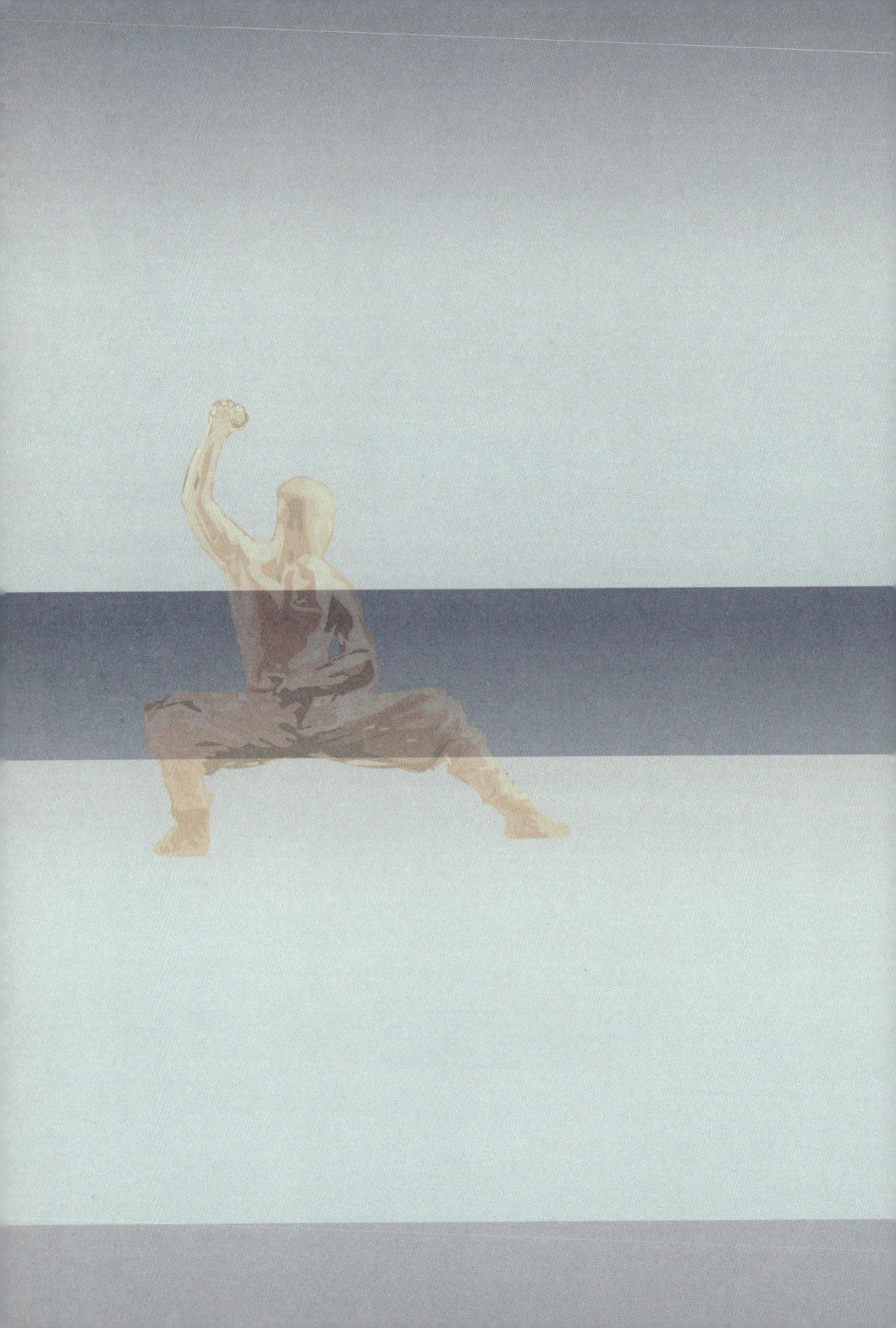

二、说功夫 话国术

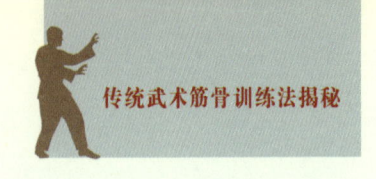

2.1 什么是功夫？

功夫就是时间，每天数以千计的锻炼，改变人的发劲方式，锻造人的关节、筋骨，提升打击部位的硬度，练就身如弹簧的崩弹劲。猫，是集功夫于一身的大成者，为什么这么说？凭着它身体的那张弓，骨肉分离的至高境界，锋利撩人的四爪，柔软无骨的躯体……如果它愿意，可以身如鬼魅，可以蹿屋上梁，四肢可以锋利如锋刃……我们的武术爱好者们，每天都在孜孜不倦地磨砺着自我，都希望自己可以突破瓶颈，可以拥有一身的功夫！从小，受电影电视的影响，相信跟我一样，很多朋友都有武侠情节，但影视追求的是最佳的视觉效果和影响力，而缺少了实质性的东西，我们应该正视！

"内家拳，外家拳"已经成了衡量拳好差的标志。实际上，拳本无内外，区分的标志是"气与丹田"。创拳之初，并无"气与丹田"之说，到了和平年代，才由道

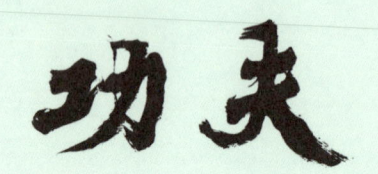

家引入，而有了现在的"内外之分"。内家拳未必就比外家拳厉害，练内家拳的要调息，外家拳的也一样要呼吸，丹田鼓起本来就是横膈膜升降引起的内脏移动，填充至小腹，而非"气"，如此而已！改变了自己的"筋骨、关节、内脏"，将其提升至极限，您就是高手！

2.2 功夫的实质

男人，从小都有一种武侠情节，都希望自己有一身惊世骇俗的功夫，可以独闯江湖，扬名天下。长大后，这一切都变成了一个梦。但是，在现实生活中，还是有广大的武友朋友们，为了圆心中的梦想，在不断摸索着。

功夫是什么，功夫是时间、是汗水、是正确的引导方法下的一种勤学苦练！看着在摸索中艰难前进的武友们，我觉得我有义务将功夫的真谛告知大家，让大家在功夫求学的路上，少走一些弯路！

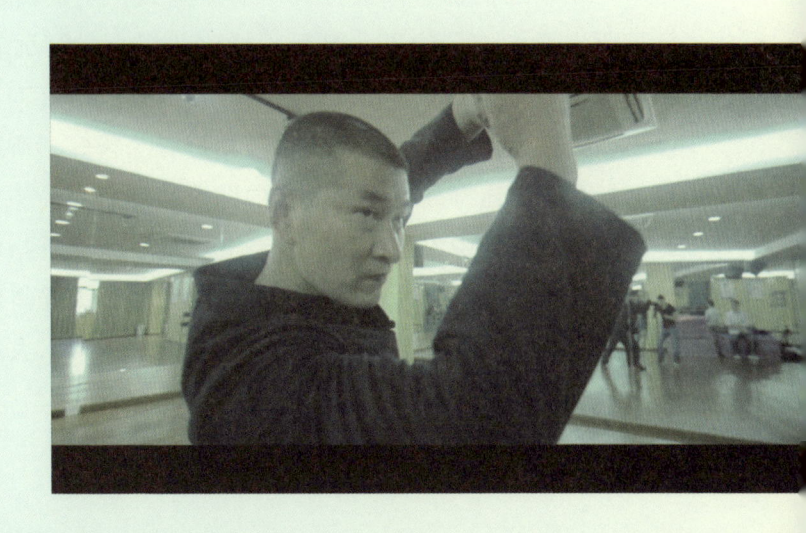

传统武术筋骨训练法揭秘

　　功夫再神奇，也离不开自己的身体。人身体的结构，跟动物一样，由筋骨、关节、内脏组成。所以想练成功夫，只要从这几方面着手就可以了！传统功夫，一般分为内家和外家，所谓内家，就是以意驭气，以气使力，以力驻功。实际上，外家功夫何尝不是如此，把一块大石头搬离地面，这些就全有了，又何来内家外家之分呢？

　　决定功夫高低的主要因素，归根到底，还是在于筋骨、关节、内脏这些实质性的东西。太极、形意、八卦是传统拳的杰出代表，练功的第一步，它们都讲撑筋拔骨。筋是什么，不是指血管、韧带，而是指肌肉两头连接的弹性组织，好比我们小时候玩的弹弓上面的皮筋。骨是什么呢，骨即是骨头。"撑筋拔骨"，有人要问，骨头还能拔吗，拔了不就断了吗？其实，不用把骨头拔开，所谓拔骨，即是将骨头与骨头的连接处，拔开一定的缝隙，利用大筋的弹性，构成一张无形的弓。拳论中提到的，"身备五张弓"，就是指两臂、两腿加身弓组成的五张弓。因为关节缝隙的拉伸，使得大筋得以撑开，产生弹劲。其中脊柱的一张弓，显得尤为重要。很多拳术大家都说，初生婴儿，所使之力，即是整体劲。

二、说功夫　话国术

　　为什么这么说呢？其实道理很简单，初生婴儿，在母体内是蜷缩着的，出生后慢慢长大，由爬行变成了直立行走，由于地球引力的关系，原本如弓般的脊柱，为了适合地球的引力，变成了S形，也就失去了爬行婴儿的脊柱大弓发力的那个环节。所以我们在日常训练中，会收尾闾，顶命门，含胸拔背，将身体拉成一张弓，以便于发出整体劲。

　　最后，再讲一讲内脏。大家肯定想，内脏是多么脆弱的组织呀，怎么可以发劲呢？其实，内脏是不能够主动发劲的，但是，内脏与内脏之间，不是单独存在的，它们之间也存在着肌理组织，起到固定内脏的作用。这些组织，练得足够强大，是可以主动带动内脏运动的。打比方讲，人的胸廓就像一个气缸，内脏就像活塞，活塞在气缸内部是上下运动的，可以辅助人体产生向上和向下的劲力，称之为起落劲。

　　写到这里，大家应该大体明白了内家拳发力的根本所在！希望这些对广大武友有帮助，可以让你们更快掌握发劲的环节。

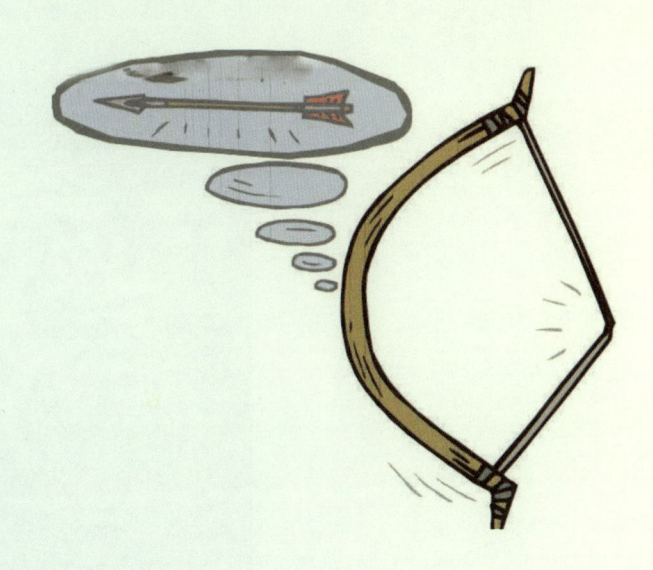

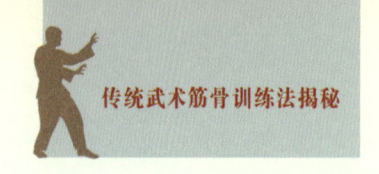

2.3 功夫误区

有些武友喜欢收集武术资料，特别是一些"绝版"的武林秘籍，会将之奉为"神明"，作为一生揣摩的对象、研修的目标。先不谈"秘籍"的真假，首先先人跟现代人，在文字的理解程度上是不一样的，地区差异产生文字的偏差也很大；再思考一下，真的具有非常好的功夫的武者，大多很难是文武全才，找人代笔也很有可能，对拳的理解程度又不一样，极其容易产生偏差。更值得注意的是，拳产生于战场，练的是杀敌的技术，但到了和平年代，皇帝崇尚道家，追求长生不老之术，于是，拳又融入了很多道家的学说，如"炼精化气，炼气化神，炼神化虚"这样的深奥拳诀，使得功夫变得虚无缥缈，无法入手。再如"含胸拔背，沉肩坠肘，虚领顶劲"等拳诀，看似无懈可击，但不管是动态的技术还是静态的技术，在哪一个点上要表现出来这样的状态，又变得模糊。所以，跟着古人的拳谱去猜测练习，想练出实战的功夫来，基本是不可能的。内家拳，多为仿生拳，不如多观察动物的攻击捕捉，可能效果会好很多！

2.4 功夫的几个层次

"大动不如小动，小动不如微动"，是指功夫不同阶段的表现。筑基时，以大开大合为主，通过盘练，将筋骨打松。继而则进入劲力的调试阶段，就如同给琴弦调音一般，此时对动作的把握变得细致，关键在于体会筋骨关节的配合，做到劲如"弓弹"。最后内脏也参与进来，内脏动一动，身体颤一颤，以内动带动外动，就如同心意拳中，"蹲、刷、摇、拧、插"是内脏之动，由此引起的"踩、扑、裹、束、决"是外动。练至一定境界，身体一个抖颤，啥劲都有了。所以，由身体的"动"，到身体的"颤"，是功夫提升的标杆！

2.5 功夫的分水岭

功夫的分水岭在于单把劲和连续劲。所谓的"连续劲"，并不是单把劲力的组合，或者称之为组合动作。而是一把劲力打出若干个回弹劲，把把惊天动地！简单理解，就如崩紧的皮筋，拨动它，会连续不断反弹。大家肯定有疑问，这个反弹两下以后不就没劲了？试想，如果我们在皮筋上加个锤（重物），反弹的次数是不是会增加且劲力增大。这"锤"是什么？就是我们的内脏，筋骨的崩弹与内脏的惊起惊落相结合，造就了连续不断的无缝攻击！如铁锤打铁，砸到的一瞬间，已经蓄势将铁锤拉起，当还没有拉起到极限位的瞬间，下砸意已经产生，如此循环不断，出击也就变得连续了！当然，前提是那张"弓"那把"锤"必须具备，否则一切空谈了！

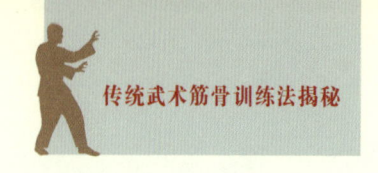

2.6 功夫的高层次——驳骨感

练拳至一定的境界，会出现骨头跟肉分离的情况，我们称之为"驳骨感"。这种状况可以在臂，也可以在背！我们观察一下猫科动物，全身的毛皮都是非常松的，一抓一大把，跟骨头是完全分离开的，甚至可以一拉很长。这种情况的出现，跟猫的筋骨的特性是分不开的。猫在运动时，奔跑或者快速跃进时，前窜是具有突然性的，全身筋骨的弹动发劲，使得身体骨架的运动，在大筋的驱使下，远远超过身体皮肤的运动速度，经常具有加速度的运动，使得动物的皮毛变得越来越松，具备了相当的拉伸度。人亦是如此，常年的磨炼，颤劲出来以后，身体骨架运动表现得灵动无比，往往一个抖身，全身的肉都在颤动，长此以往，肉与骨的分离感便出现了。当然，此时的功夫也已经到了相当高的程度。有人称气血在皮肤下游动，其实也就是"骨肉分离"带来的效果！

2.7 最纯粹的功夫就是本能

一只猫啥都不用练，就是天生的高手，即使伸一个懒腰，也将筋骨体现得淋漓尽致，背弓撑得无以伦比。有比方讲"静如处子，动如山崩"，在猫科动物身上是体现得非常彻底的，可以很温顺，但受惊吓的瞬间，又会变得灵动无比，如同触电一般。这都是其筋骨开、皮肉松所带来的效果。人的第一反应不是大脑，而是身体。打比方讲，手被开水烫了一下，会以迅雷不及掩耳之势将手抽回，这种反应，我们称之为"下意识"。与人交手亦是如此，搭手即能反应，称之为"筋骨敏感"。只有达到这种状态，我们才能说是将功夫练到身上了，变成一种自身固有的运动模式，此时，人的各方面机能也随之陡升。人的潜能是

二、说功夫 话国术

巨大的，本体就是动物的状态，经过特定的训练，完全可以达到"拳无拳，意无意，无意之中是真意"的境界！

2.8 功夫可以从"典传"开始

动物的运动模式本身很简单，只是比人体的筋骨、关节开发得好，内脏活，每一动都是整体运动，一般会有一两手绝活，使物不能逃。在武术来讲，我们称这种能力为"绝招"。将一个技能练得炉火纯青，百般变化，随心所欲，那就是绝招！

由此可见，拳其实可以很简单，练拳就如同建高楼，先打根基，基础越扎实，楼层就能建得越高。钢筋混凝土搭建好框架，这是关键，后面是填充，多几块砖少几块砖问题不大。所以将身体的结构理解正确了，再付诸于行动，事半功倍！"典传国术"将拳分析透彻，让武术爱好者在最短时间内，根据自身的特点，全力开发"人体结构"，打下最扎实的基础，使功夫变得简单，将"高层次"的武术直接展现给大家，许多"传儿不传女"的"功夫秘诀"，在"典传"只是必教课程！

15

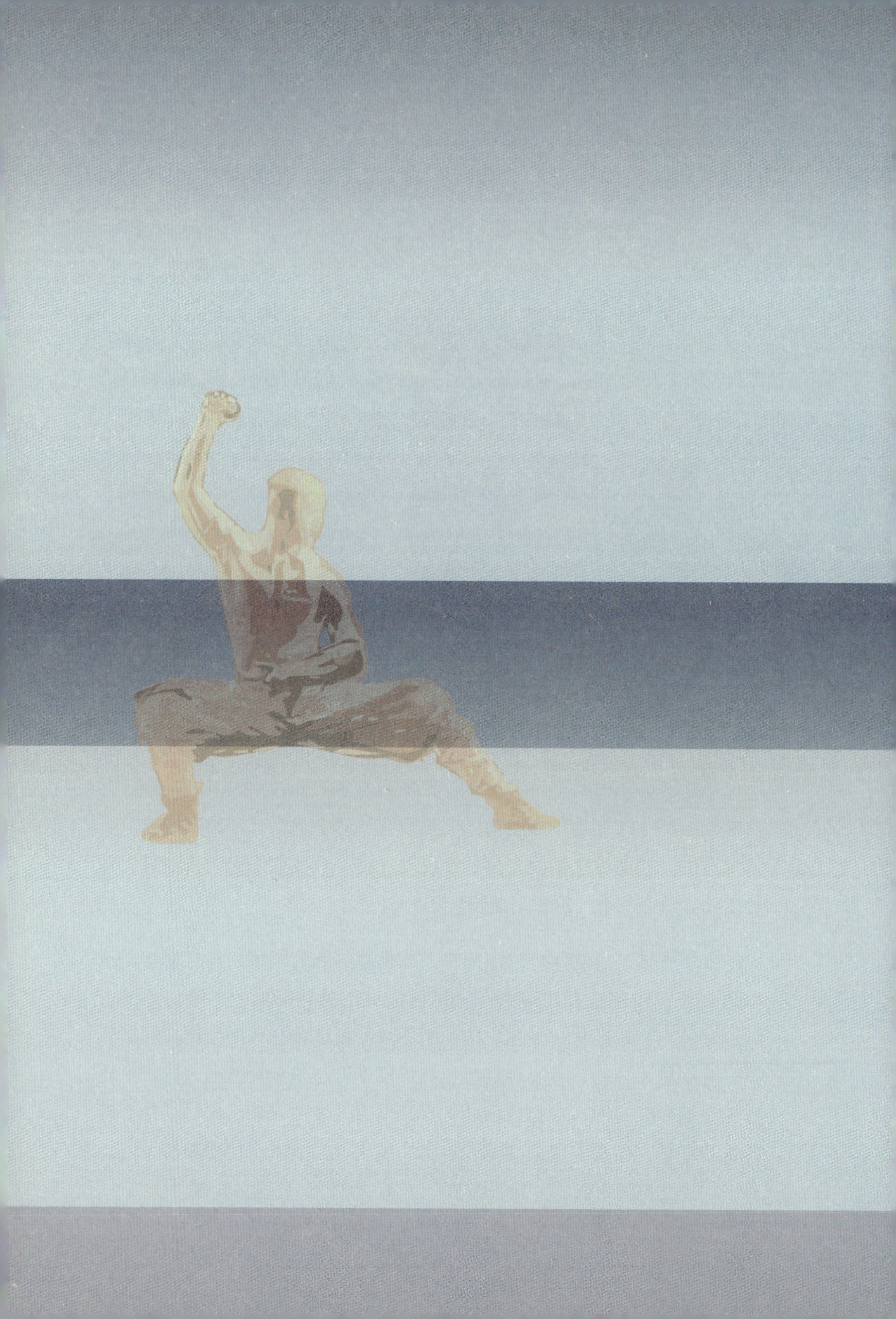

三、筋骨关节

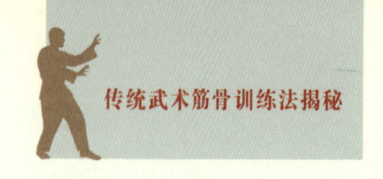

3.1 筋骨论

冷兵器统治时代，长兵作为战场上必不可少的一种装备，一直占据着主要地位。敌我双方冲杀时，手握重兵，敌我厮杀。功夫就产生于那个时代，特别是心意拳，年代久远，很好地保存了古时候战场拳的特征。大家都知道，心意拳又称为"枪化拳"，顾名思义，是由大枪演变过来的！那时候的大枪长且重量大，所以必须用手臂贴着枪，夹着两肋，借助身体的力量，才可以将大枪发挥自如。两肘贴肋，不但可以省力，而且劲大，这就是我们现在拳术要求中提倡的沉肩坠肘。

有了两肘的夹，能够借助胯肩的拧转发劲，在往前扎枪时，不仅有转胯的力，而且还把背劲加了进来，两肩夹紧，背部拔起，形成一张弓，利用背部的弹劲向前扎枪，这就是含胸拔背。

长时间的持续战斗，使得肌肉的力量不能满足战场的需要，因为肌肉容易因持续用力而充血膨胀，不管你愿不愿意，到了一定时候，肌肉的爆发力是很难派上用场的。就像有些人，可以持续做一两千个俯卧撑。前两三百个，可以是肌肉力，但持续不断做一两千个，依靠的就不

三、筋骨关节

是肌肉的力量了，人体除了肌肉以外，还有一种被大家所忽视的发力组织，称之为肌腱。肌腱是一种非常紧密的弹性组织，存在于肌肉跟关节的连结处。以前我们小时候喜欢玩弹弓，上面的牛皮筋，是牛筋做的，大家都知道这东西弹性很大，很有韧劲，且有句老话说，牛越老，牛筋的力量就越大，称之为"老牛筋"。我们人身上，同样存在着这样的物质，就是肌腱。

搞运动的人都知道，小腿部位的跟腱越长，弹跳力就越好，所以选运动员时，往往会选跟腱长的，特别是短跑、跳高等需要爆发力的项目！但现代运动中，不推崇大筋的训练，依然采用了肌肉松紧爆发力的训练，所以对肌腱的强化不够。

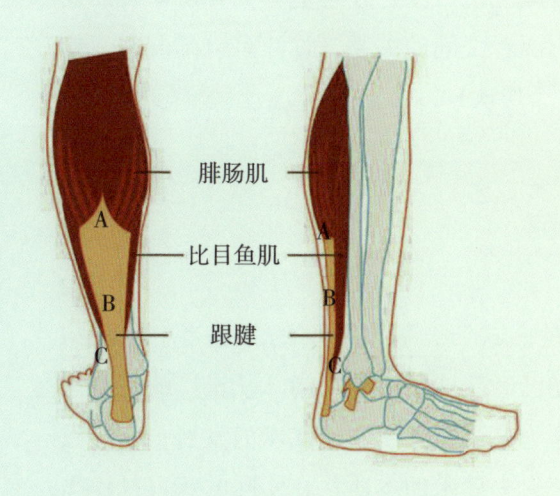

腓肠肌
比目鱼肌
跟腱

我们知道，不管任何的功夫，离开了劲力，就等于鱼儿离开了水。现代搏击，以训练人的肌肉爆发力为主要训练手段，传统功夫不同的是，以训练大筋为主要的发力环节。我们都知道，现代搏击的运动年限相对会短一些，因为到了一定年龄，随着肌肉骨骼的衰退，各方面的机能会越来越难应付高强度的训练。而传统武术，因为训练大筋，且大筋

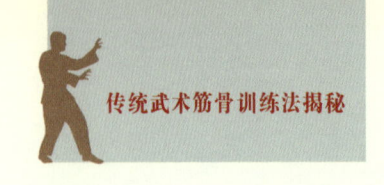

的特点是越老劲力越大，所以可以练习的时间更长一些，甚至伴随着人的一生。这就是为什么传统的老拳师，到了晚年，依然具有很强的攻击力的原因所在。当然不得不引起我们重视的是，现在绝大部分的传统练习者，已经放弃了大筋的训练，取而代之的是肌肉的极度放松跟关节的扭转。俗话说"四两拨千斤"，但现实都是以大吃小、以强胜弱的，大人玩小孩可以"四两拨千斤"，但前提是自身得具备千斤力。

可以这样打比方，如果骨架是"弓把子"，那么大筋就是弓的"弦"，大筋遍布人的四肢、躯干，与骨架同行。要想训练你的大筋，你得找到那张弓，然后配上这个弦，才可能得到你所需要的筋骨劲。只有真正明白了它们两者之间的关系，你才可以驾驭它，使功夫突飞猛进，到达另外一个层次！

3.2 "撑筋拔骨"是关键

拳谱有云"三回九转是一式"，可在现实的武林当中，比招多，比套路多，比打的漂亮已经变成了一种时尚。从推广的角度来讲无可厚非，但从个人的修为来讲，则不利于武术的发展，会导致"武"与"舞"混为一谈，失去武术的本质！在实际的练习过程当中，如果需要的是实实在在的功夫，则要狠抓基本功。"速度与劲力"永远是决定功夫高低的基本因素，抛开功力不谈，"四两拨千斤"也只能是神话。没有速度做媒介，跟实战都扯不上边。

三、筋骨关节

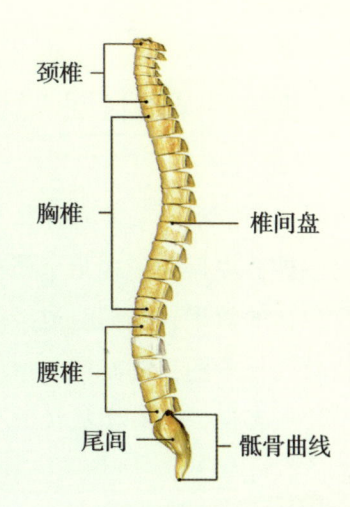

　　从古至今练功夫，先练好筋骨，打扎实基础，然后再练招，才可以更务实。拳与拳之间，招与招之间，无非就是形体表现的差异，人体的根本不会变，也不会存在很大差异。而人体开发的指导原则是动物的本能，所以传统拳多为象形拳。与其去参悟深奥无比的武学大论，不如去看动物世界，您所要的，它们身上全有。人体的直立是高级的象征，但从身体功能来讲，则是退化。由于地球的引力，人体脊柱呈"s"形弯曲，失去了以身弓带动肢体的最科学的发力模式，变成了分散的肢节力。

　　我们练传统内家拳，就是要重新整合人体，使人体的潜能得到重现。所以说，练拳从整合筋骨开始，练拳的第一步也从来都是"撑筋拔骨"！

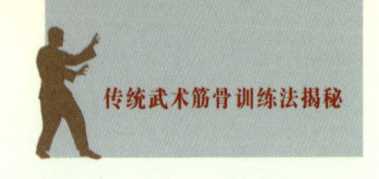

3.3 拉韧带跟开关节的区别

有朋友问拉韧带跟开关节有什么不同？比如瑜伽的关节筋骨的拉伸，是一种静力行为，在某个姿势上会保持适当的时间，来达到人极度拉伸的效果，从而疏通经络，起到健身的效果。传武的"撑筋拔骨"根本的目的是产生速度和劲力，跟现代搏击的要求是统一的。或者说，所有实战性的拳法，都必须具备这两项素质，只是途径不同而已。

瑜伽跟传统武术，在对待筋骨关节上，就如同用两种模式拉皮筋，一种是通过外力，将皮筋慢慢拉长，并且逐渐增加幅度，使其越拉越长，甚至到了极度柔软的程度。而另一种模式，则是通过逐渐的拉弹大筋，如同崩弹琴弦般的运动，使得大筋越来越充满弹力，人体会一定程度上变松变软，但不会达到如同瑜伽般专项的追求，主要是要实现关节如同弹簧般的自由弹动，速度和劲力是主要追求目标！

很多健身爱好者，早上起来习惯压腿拉韧带，而最原始的传统功夫甚至是不压腿的，直接踢腿，并且要求脚尖要能踢耳朵、踢下巴，是完全通过关节开、筋骨弹来实现的，起的腿又快又狠。完全区别于舞蹈的腿，又高又飘。种什么样的种子，得什么样的果，练习方法不同，带来的效果也不同。

3.4 关节的松紧变化

很多朋友在传统拳的训练中，有了身体中节的劲力，但却无法运用到梢节，究其原因，就如同自来水管道一般，在关节的连接处不通畅，关节闭合，使劲力消耗。我们可以看到，无论现代搏击还是传统拳，在发劲前一瞬间，都是要求极力放松的。在现代搏击来讲，这样做是为了消除肌肉间的对抗，将力量聚于一处。在传统拳来讲，则是为了让关节的"撑拔"随心所欲，使大筋的崩弹发挥到极致。关节活，人体自然活脱，劲力顺达。反之，关节闭合僵滞，肌肉力量再大也无法打出漂亮的一拳。关节连接处没有肌肉，靠什么产生松紧的变化？依靠"大筋"的撑拔，就如同木偶一般，由关节连接处的绳子，驱使它运动，而人体连接处的大筋，不但能够帮助身体更好运动，并且可以借助自身有弹力、自如崩弹的特性，使人体的运动变得快捷，连续不断！

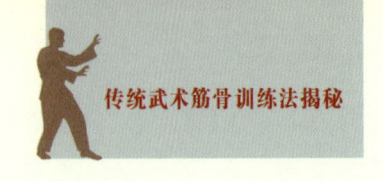

3.5 力圈很重要

　　人体的运动是由无数个圈圈组成的，胯、肩、肘、膝、踝……都是走的圈劲。圈与圈之间又相互交集，构成了发力体系。如同汽车的发动机，由活塞运动带动传动轴，经过若干个齿轮的运转传递，最后到达轮胎，使得汽车可以快速向前运动。逆向思考人体在打击过程当中，要求做到"出手如挫，回手如钩"。所谓"挫"，由上而下碾压而进；所谓"钩"，由上而下抓击，实际上走的都是圈。再由胯、肩、肘、膝，无不以关节为轴，进行圆弧的运动。在躯干，则由内脏的起落和身体脊柱以及两肋的开合融为一体形成翻转之势。观猎豹奔跑时，躯干的缩涨带动四肢快速交替跃进，做到前后肢的无缝衔接。在实战中，如果可以手脚并用，连续不断，从攻击的点数来说，已经具备了高手的特征。而这一切都是由于圈的存在而实现的。现代搏击中，随便一个出拳都会伴随着拧胯拧肩旋臂，甚至击打瞬间还有压腕栽肩的细节。鞭腿都会有摆胯拧肩，上抽下砸，才可以借身劲把劲力打透。所以我们在物理学中称之为力圆，它构成了运动的体系，无论传统拳还是现代搏击，都必须符合这个原理！

3.6 练拳要明五圈

"肩圈、肘圈、胯圈、膝圈、踝圈",既可单独成圈,又可相叠成林。前面所讲的"翻浪劲"从技术上来分析,也是由五圈所组成的,如自行车的脚踏轮轴,大圈小圈,圈圈交合而进。明了五圈加一"鬼",就是神仙也难防。"鬼"是什么,是"惊"是"吓"。"五圈加一鬼"好似弓箭崩断弦!心意拳中有"蹲、涮、摇、拧、插","踩、扑、裹、束、决",也是在"五圈"的基础上不断完善的。前者为练法,后者为用法。一个练于内,一个用于外,两者相互依存!

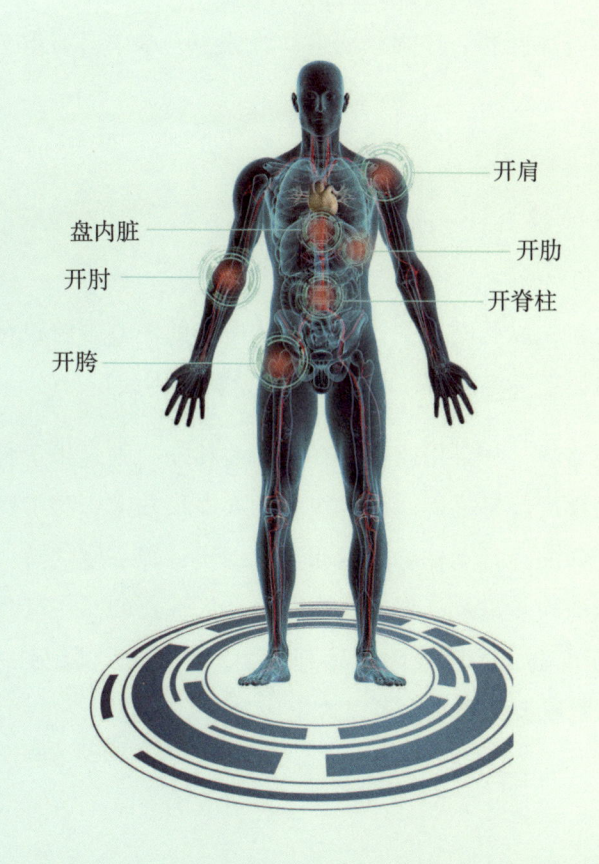

开肩
盘内脏
开肘
开肋
开脊柱
开胯

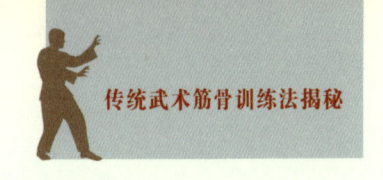

3.7 胯要固还是要动

胯应该怎么练？"撑胯圆裆"自然底盘稳固，四平八稳。然而，搏击瞬息万变，单有"固"还不行，炮虽厉害，但对方是车，迂回曲折，我必有追敌之术，方可有的放矢。正所谓过步如登山，一步一重天。于是乎，要胯"动"还是要胯"坚"决定了胯的使命。"按肩以练步，逼臀以坚膝"，裆圆则步难动矣。"拨胯"则是以撑拉一侧胯关节，使其能够挣开骨缝，大筋崩弹而使胯能弹，两侧胯一张一弛，协同配合，则连绵不断，滔滔不绝，颤弹不已。步法即身法，身动之核心在胯、在脊，以胯带步，压弹而进，此为追法。此两者在练习中不可同时存在，拨胯则不可同时撑两胯，撑圆裆则难动胯分毫，拳中必有取舍，才可进退自如！

3.8 胯的重要性

在盘拳之初，以胯圈为主，胯是人体中节的中节。胯跟脊柱合称为龙虎之劲，动物之奔跑捕物，而物不能逃，皆在于此！

我们在走路时，如果用胯带动双腿向前移动，则是用了胯的横向拧转的劲力，表现的就是横圈。练过拨胯的人应该知道，胯练好了，是可以连续不断反弹的，且动作的速度非常灵动，一惊一诧之间，胯连续弹出劲力，带动腿换步进攻，那种速度，是令人惊讶的。一旦我们用胯带步的方式进行攻击，不需要蹬地发劲，力不从地起，从另一个角度来讲，就是把双腿解放了出来，可以边走边打击。

三、筋骨关节

　　胯可以发横向劲（确保这个劲力是大筋弹射出来）也可以发纵向劲，有很多拳友把胯缝拉伸的活动量认为是胯的纵向的运动，典型的表现在直上直下的坐胯，而我个人认为，纵向的胯的运动路线，不是一条直线，而是一个圈，跟胯的平转一样，成一个圆周运动，如同划船时，所划出的一个纵方向的运动立圈，当然，要利用这个立圈发劲，还得需要尾闾的抖绝。胯是人体最大，并且力量最强的一个关节，挑五百斤的担子，最不感觉吃力的就是胯了，反之讲，如果你能用胯主动发劲，那你的劲力一定是倍增的。

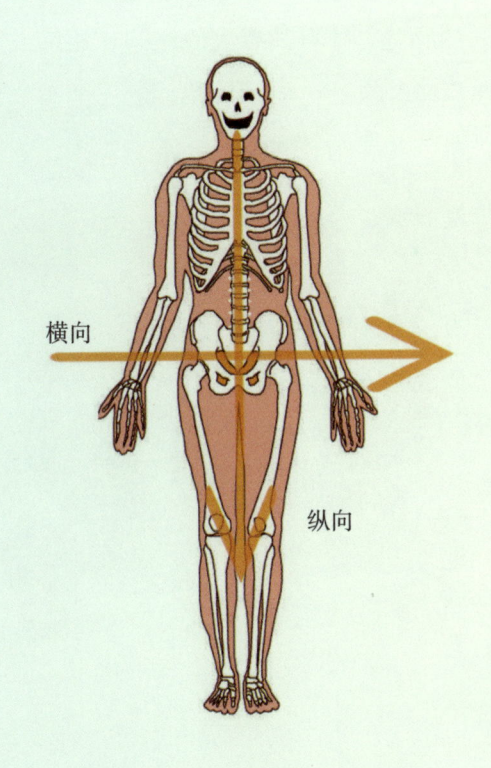

横向

纵向

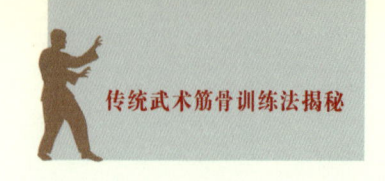

从上面不难看出练步的重点同样也在胯。有句拳诀讲"打法定要先上身",然后就有人解释为上体先动。试想,没有步法的移动,那上身动了管个啥用呢?我个人认为,利用步法快速接近对方,是打击的第一步。以前也讲"教拳不教步,教步打师父",看来是有点道理的。胯为腿之根节,翻胯不但可以使背部形成翻浪劲,而且可以与前腿形成顶劲,完成身体的快速整体位移,达到迅速贴近和撞击的目的。

明白了胯的横圈和纵圈的同时,我们一定要搞清楚腰动跟胯动的区别,理清它们之间的关系,胯可以主动弹抖,跟尾闾对接,形成螺旋劲,而腰椎跟胯骨相比,很细很脆弱,不适合主动发劲。所以,我们唯有先找到胯发劲的感觉,才可能有大的提高。建议大家在练习时,放弃主动发力而选择被动发劲。

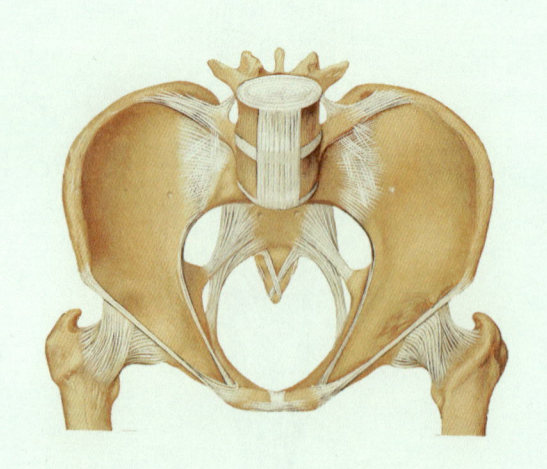

3.9 动腰还是动胯

俗话说"肩打一阴返一阳",即是指明了肩的用法是连续不断的,也就应了"胯打阴阳左右边"这句话,从另一个方面反映了胯与肩之间的紧密关系。很多朋友在练拳时,用胯的拧转跟肩形成拧裹,使腰椎如皮筋拧旋而动。脊柱的结构特点,有竖劲而无横劲,可承受几百斤的压力,但其横向截面较细,横向拧转不是它的长项,强制拧转,会使脊柱受损,脊柱神经受伤,所以,主动发劲的部位在胯不在脊,而脊柱可以作为力的传递者,连接于胯肩之间,硬性连接,同步发劲,固定腰椎是关键!我们通常所讲的"腰马合一"也并非指腰与腿,跟腿靠得更近的是胯,以胯带腿,可以使进攻变得更加轻松自如,举一身之劲而为之。如不明实质,按想象去练,极易出错而伤害到身体。用胯大筋带动胯的崩弹发劲传递至肩,保持脊柱整体是关键!

3.10 肋的实质

肋,为人体中节之中节,是一身运动之主干。风吹大树,一动无有不动,一动指的是树干,在人也就是指胯到肩一段,无有不动,指的是四肢梢节。也就表明了肋在身体发劲中的重要环节。

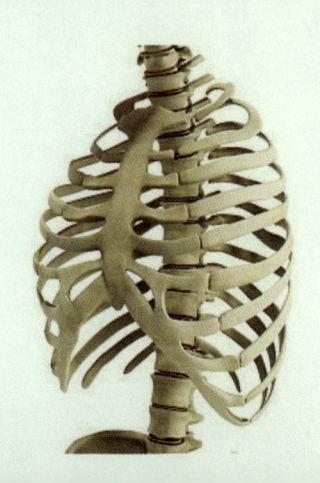

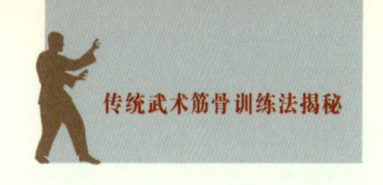

肋的构造如弹簧，左开右合，右开左合，其最大的作用是折合发劲。配以胯和肩的压缩、提拉、拧转之劲，使身体的运动幅度达到最大！肋，外部无肉，而内侧具有厚实的肌肉，吃过猪排的人，应该明白，所以，它是具有单独发劲的潜质的，需要我们在训练中认真对待。同时，肋的运动可带动内脏的同步运动，上下左右翻腾。

如狗猫之类的动物，肋部天生比人发达，开合度之大，可以自咬尾巴，而我们人类经过长期的演变，早已经失去了这样的能力。所以说练拳是在返先天，一点不为过。

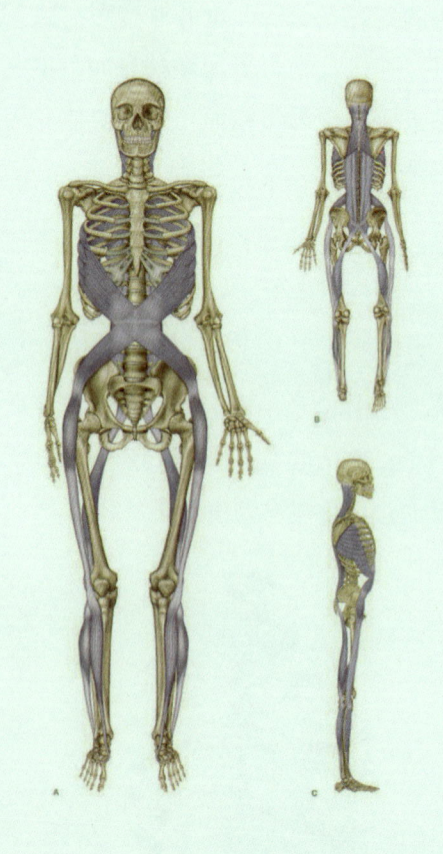

三、筋骨关节

例如，心意拳集鸡腿、龙腰、熊膀、虎抱头、雷声于一身。其中龙腰，有人觉得是腰部的活，其实不然，即使为龙，何以有腰呢，也可以说处处是腰，所以叫龙身更为适当。要在人体上充分体现龙身，就得让肋骨能够翻腾折叠，无所不能，不但要活，而且还要能够主动发力。

谈到龙身的发力，有人可能会讲是胯，其实除了胯部的拧转以外，还有肋的折合劲力。吃过猪排的人都知道，肋排的肌肉是长在肋弯内的，厚厚的一层，外面则是光光的骨头，用手摸一下你的肋，就明白了，此言非虚。所以，一个人可能看起来挺瘦，但未必体重会非常轻，就是因为这类型的人，肌肉长在了骨头的内层，这样的人，简称精干有力。所以，练拳跟练健美是两回事，练拳的人要劲力，要灵活，要爆发力。

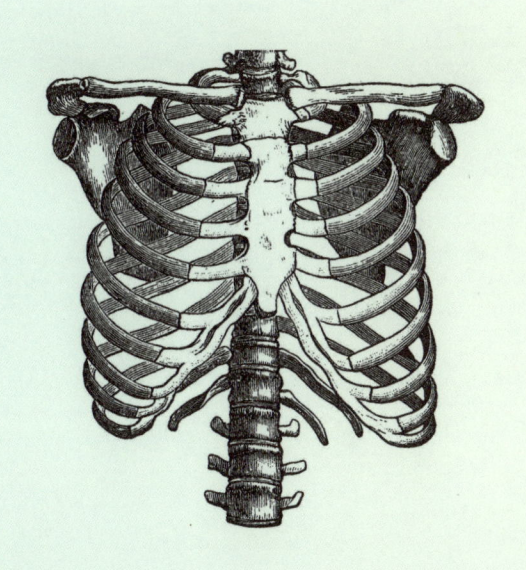

在训练肋内肌和肋骨的开合度的时候，我们有专门的方法进行这方面的盘练，当你掌握了这些方法的时候，练拳也就变得简单而有效。

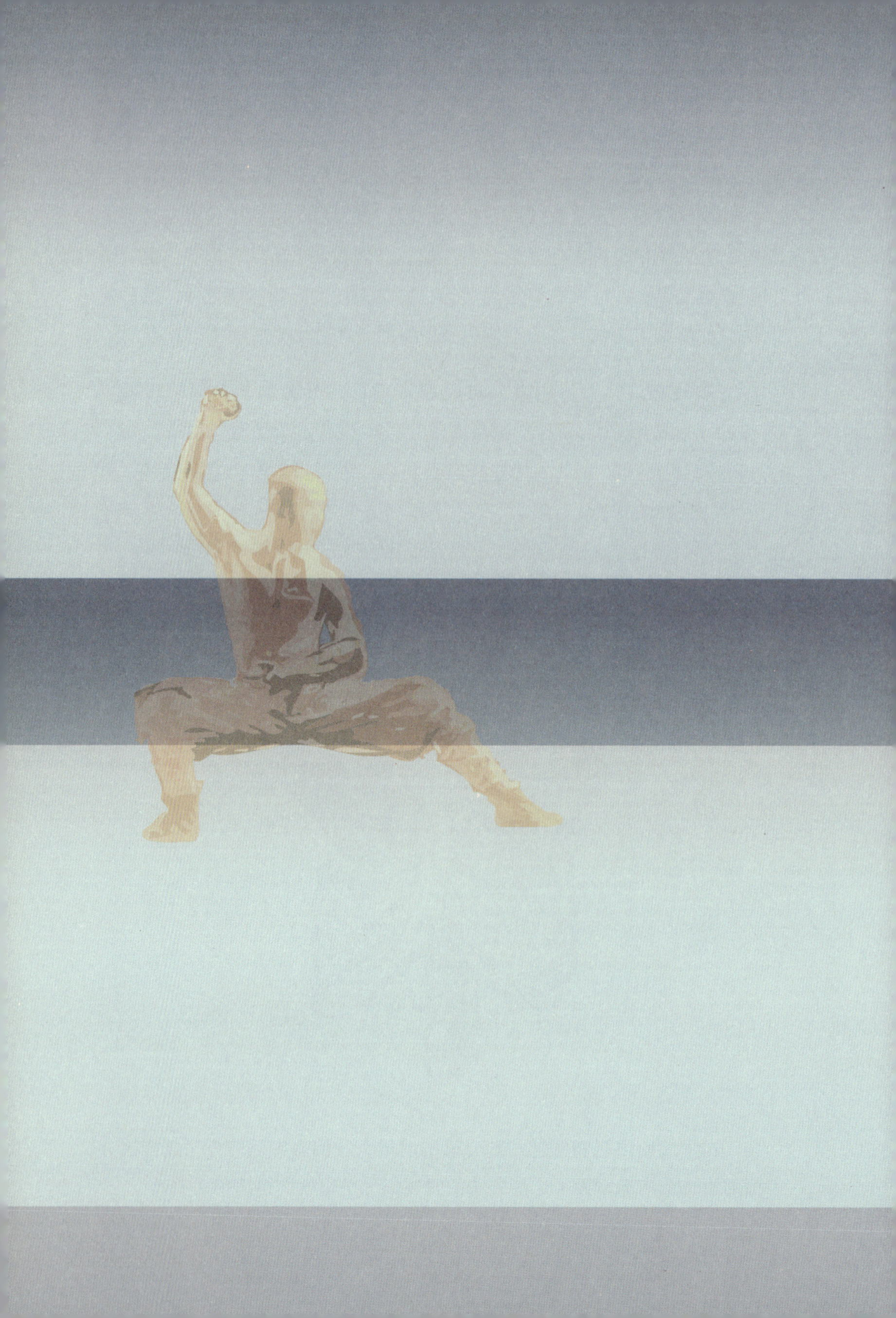

四、內臟篇

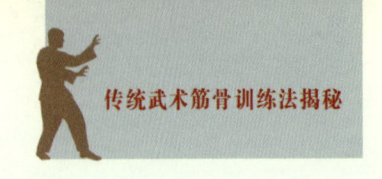

4.1 论丹田

内家拳与外家拳最大的区别就是"丹田"。这是我开始接触内家拳时就明白的道理。于是，用丹田发劲的，被认为是内家；不用丹田发劲的，被认为是外家。相信绝大部分人，都是这样认为的。

那丹田到底是一个什么玩意儿呢，我们谁也没有把肚子剖开看过，当然即使剖开，也不会找到它的踪迹。因为有点常识的人都知道，小腹即大家认为是丹田的位置，主要也就大肠小肠的。既然这么说，为什么练拳人都会知道脐下三指就是丹田所在的位置呢？当然，除了下丹田，还有中丹田、上丹田。同时认为，下丹田藏精，中丹田藏气，上丹田藏神。

不管丹田是什么，那么这个丹田跟我们练功到底有什么关系呢？它的实质又是什么呢？上中下三个丹田之间的关系又是什么呢？我们带着这些疑问，进入下面的环节。

很多练家子，能够吸一口气，然后丹田的位置迅速鼓起，这时候认为，气沉丹田了，所以有了另一个别称，叫做"气海"。鱼呼吸靠鳃，人呼吸靠肺，这是不争的事实。请问，吸入一口气，有可能跑到下腹部去吗？答案是：肺是人体气体交换的唯一场所，所以，气入丹田，只是一种假象！那有人肯定要说了，我吸入一口气，小腹真的变大了呀！这话一点不假，谁都可以变大。用科学的原理来讲，应该是气由口入，到肺后，随着肺内储气量的增大，肺泡增大，挤压了肺部以下的横膈膜，而后挤压内脏下行，直至小腹，所以使小腹鼓起的不是气，而是内脏。

四、内脏篇

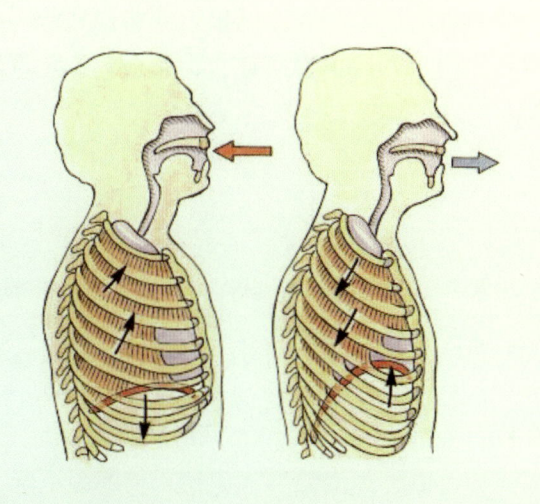

接下来又有一个问题，怎么解释上中下三个丹田的关系呢？在解释这个之前，我们要提出一种呼吸的方法，称作逆式呼吸，所谓逆式，就是吸气的时候小腹不鼓，反而呼气的时候小腹向外鼓起。这样做最大的好处就是，容易产生爆发力。原理很简单，气由口入，将气储于肺，此时，不像顺式呼吸时，自然使横膈肌下降，而是提着，而后，随着往外呼气时，部分气向外跑，另一部分气将存于肺，将横膈肌向下压，导致内脏瞬间下坠，而产生的劲力。有时候，作为穴位来讲，可以把它作为一个定标，但不要去深究它，那样的话，你就遇到了一个解不开的结。至于上丹田，我们又称作为印堂，是思考问题的场所，所以称之为"神"，至此，大家应该就明白了下中上三个丹田，对应精气神。

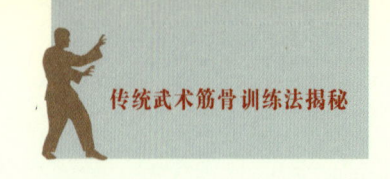

我们在练拳时，看到一些拳谱所讲的丹田、穴位，要明白它的实质是什么，到底能起到什么样的作用，然后再去研究它，领会它，才可能走向正路，否则只能走向歧途。

4.2 所谓"内功"

谈起"内功"，很多人就跟"气、丹田"结合在一起，感觉只有具备这两点，才是内家拳，才可以练就绝世武功。

人体呼吸的气，存在于肺部，由于肺泡的增大而使得横膈膜下降，带动了内脏的下行，小腹鼓出，有人称之为气沉丹田。通过刚才的阐述，大家应该明白，所谓的气沉丹田，只是内脏的下行引起的状态。而呼吸的气是到不了"丹田"的。那么我们在盘内脏的时候，是否要配合呼吸呢？拳诀称"在气则滞，在意则灵"，呼吸是需要时间的，且频率不会太快，跟不上动作的节奏，也满足不了快速进攻的节奏，所以，我们的呼吸应该是自然的，内脏运动无需跟呼吸接轨！

筋骨、关节可以产生劲力，大家能够理解，但"内脏"对运动速度和劲力的作用，大家可能就比较迷茫。观动物奔跑时，内脏在胸腹腔间来回窜动，可见动物除了身体关节的开合度非常好，更可以看到，它们的内脏也具备了超强的运动和辅助运动的能力。内脏到底可以起到什么作用呢？往前，可以驱使身体的惯性力增强，产生更大冲击力。往后，可以加大身体坐胯的重量，使胯产生反弹效果，周而复始，而利用这一原理增强身劲，这就是我们所说的"内功"！

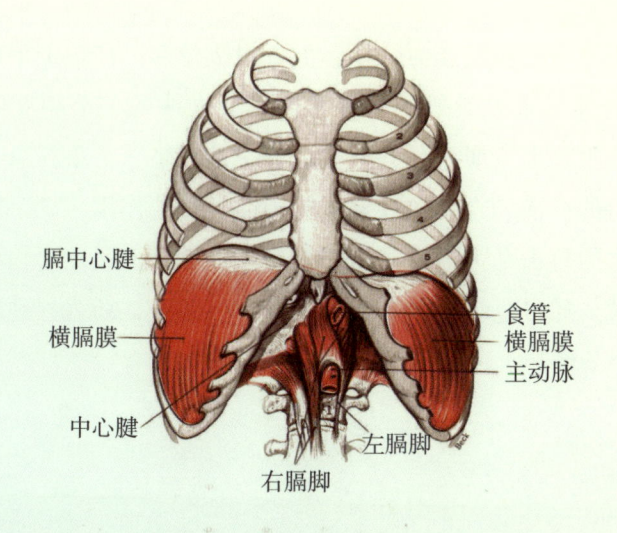

膈中心腱
横膈膜
中心腱
右膈脚
左膈脚
食管
横膈膜
主动脉

内脏的运动，丹田的鼓弹，归根到底是横膈膜带动内脏之提坠，由此产生身体的垂直震荡，从而产生巨大的身体冲撞力，作用于梢节，便可任意纵横，无坚不摧。"内脏"与"四肢"，如同小轴承与大轴承的关系，齿齿相接，小轴承动一丝，大轴承会动一寸，但"内脏"的运动幅度越大，则"肢节"运动的幅度就越大。"心一惊，四梢皆至"，身法，步法，皆源于此。

4.3 内脏如何发劲

"筋骨，关节，内脏"是典传训练的核心内容，"筋骨，关节"好理解，如同弓箭的"弓架"和"弓弦"。"内脏"置于人胸腔腹腔内，称之为"五脏六腑"，是人体的几大工作系统，担负着人体重要的工作机能，属于重点保护的对象，何以用到发劲当中去呢？"内脏"既分散也统一，各个内脏之间由筋膜相接，与脊柱又相连，如同藤上葡萄，牵

附于脊柱之上，与横膈膜连为一体，上下提坠位移。产生上下的冲撞劲力，而使得身体呈现弹簧般的垂直屈伸，与人体各关节相互呼应，产生人体重量的垂直上下崩弹，有人称之为"千斤坠"，集百余斤的重量于一处而产生的冲撞劲力，通过关节的传递，直接作用于"手脚"等梢节，产生巨大的打击劲力，称之为"将身体挂在手上"。击物要能透，肢节必须强硬，通过盘练，使梢节如钢鞭。"速度，劲力，硬度"构成了打击的必要条件！

4.4 内脏强则身强

"流水不腐，户枢不蠹"，人亦是如此，每天保持适当的运动量，可以增加人体的新陈代谢，加快人体的补给功能，使人体变得强壮。运动的方式很多，运动效果因人而异。最难练到的，就是人体的内脏。"内脏"即"五脏六腑"，置于人体胸腔腹腔内，"内脏壮则人壮，内脏强则人强"。观虎豹奔跑时，内脏于胸腔腹腔内来回冲撞，身形尤为敏捷，可知其内脏不但参与了运动，而且起到很大的惯性作用，使奔跑变得轻松自然，又劲道十足。

"文明其精神，野蛮其体魄"是我们每个人所追求的。从根本上提高人的生活质量，是每个人梦寐以求的事情。"心、肝、脾、肺、肾"，既是独立存在，又是相互影响的，是一个工作体系。内脏间由筋膜连接，运动时，加大内脏的运动幅度，可使筋膜变得发达，使内脏的稳定性得到提高，且如同人的身体，每天进行按摩，可使得人体血液循环变好，人体更通透，大大增加健康指数。"人老先从腿上老"，腿活不活，跟肾有极大的关系，肾强，则腿壮。所以，真正衰老的是"肾

脏"，抖弹您的胯大筋，使得内脏在体内形成横向的被动拧弹，提坠您的内脏，上至横膈膜，下至精索、睾丸，"一动无有不动"。每天给内脏进行按摩，可防止内脏下垂，可增强肠胃蠕动，可强大肾功能。

4.5 易筋、易骨、易髓

拳谱中有云"易筋、易骨、易髓"，将此奉为练功的三部曲。功夫的爱好者们，在初学功夫之时，都习惯于用肌肉发力，而传统拳是用大筋发力，我们第一步要做的，就是改变发力的方式，通过特定的训练模式，使大筋逐渐占主导地位，这一过程称之为"易筋"。当能够用大筋进行发劲了，我们就要扩大"战果"，主要体现在训练的数量方面，要大幅度提升，使各关节骨缝达到最大限度的拉伸，使大筋的潜能发挥到最大，练习者会感觉到全身骨节的"开"，身体变得柔软且有弹性，整个人如同"弹簧"一般。所谓"易骨"，是"筋骨、关节"开发到最佳阶段，人体骨关节在大筋作用下能够随意抖发，人体骨节的运动变得迅猛突然，"骨与肉"之间的分离度开始加大，往往"拳"已到，后面皮肉才能跟上，称之为"骨肉分离"，或者称之为"马窜皮"，在我们常见的"猫、狗"动物的身上比较常见，后背一抓一把皮。此时骨头也感觉变得沉重，如骨髓在骨节中流动之感，所以称之为"易髓"！

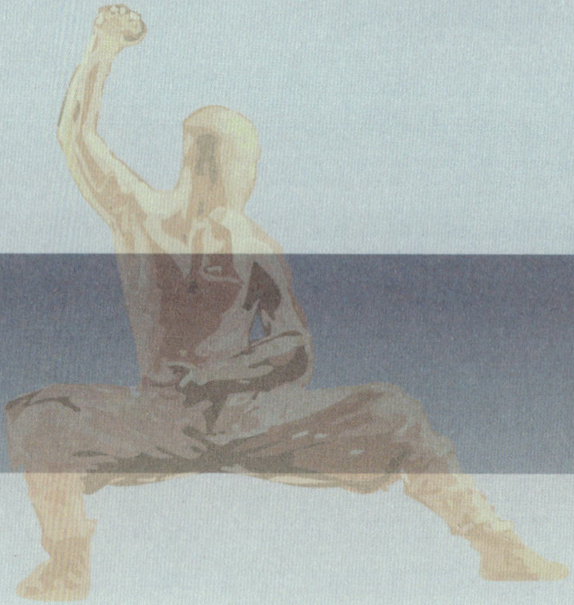

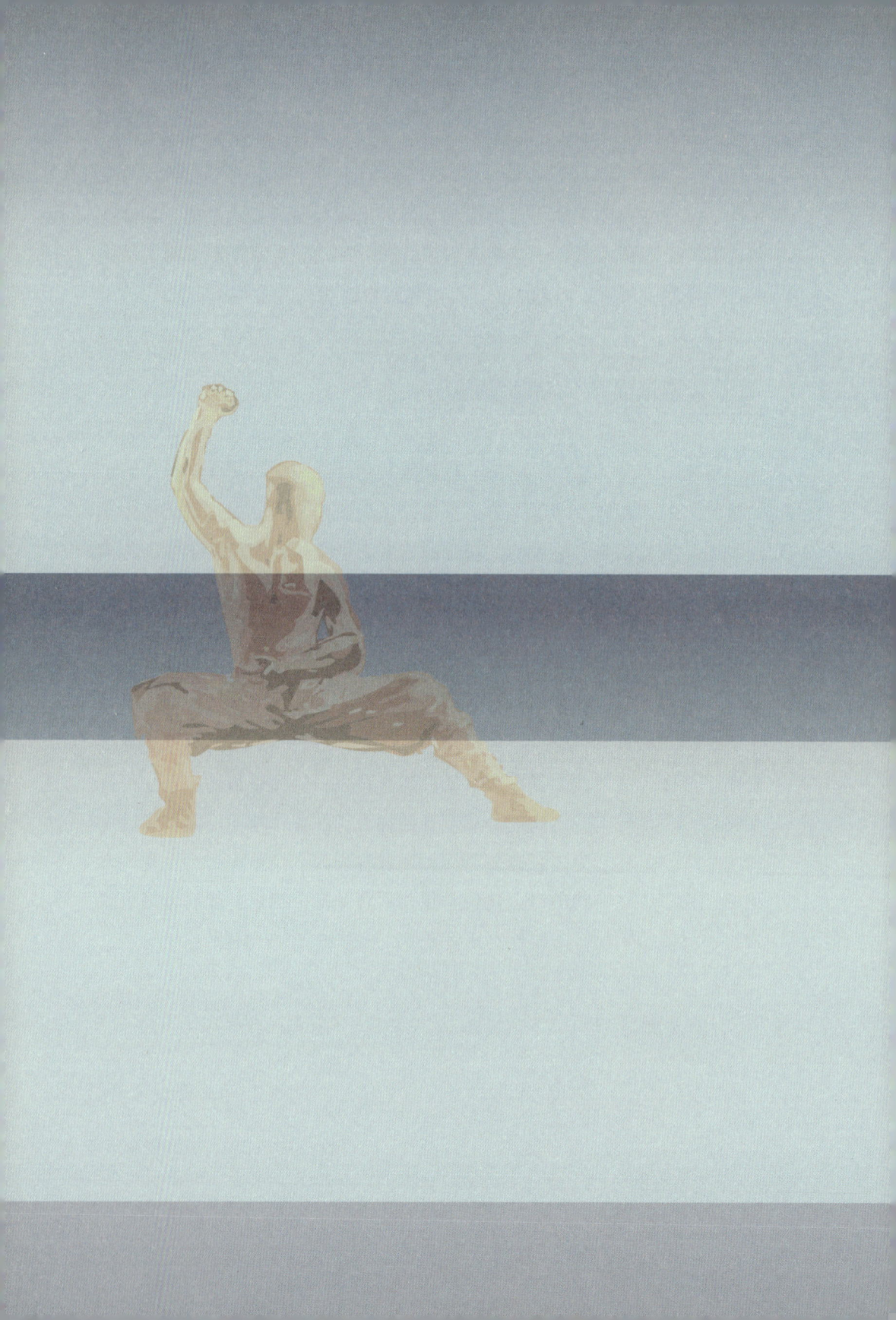

五、知其然后知其所以然

5.1 "撑"与"蹬"

传统武术当中，步法的移动是非常重要的，实战当中，要做到出其不意，一步三米。如何实现？除了自身素质以外，更重要的是看步法移动是"蹬"还是"撑"。"蹬"就是用腿蹬地，或跨或跳，动作比较大。"撑"可能单看字面是很难理解的，所谓"撑"，取"撑船"之意。用"竹竿"撑船，杆子撑到河底，又给竹竿反作用力，使船能够往前移动。在步法中，以后侧腿代替竹竿，支撑固定好一定的角度，坠内脏坐胯，将身体的重量悉数坐于腿上，传递到地面，再由地面反弹而上，形成身体的快速推进。其实猫狗等动物，在捕食时，也是运用同样的方法进行的，先压后弹，如同"弹簧"般窜进。

5.2 "定步"与"动步"

传统拳术能否在实战中运用自如，跟平时的训练关系很大，定步发劲一般在功夫的筑基阶段运用比较多，主要以盘练单个关节的筋骨发劲为主。组合劲力（多关节参与）就慢慢进入了动步的训练，起初一般由力从地起的发劲模式，后期慢慢脱离腿部的蹬伸，以自身的筋骨崩弹发劲为主（如崩断弦），此时，腿部的作用由蹬伸到支撑反弹发劲，身体呈现出"弹簧"劲。借助自身身体的压缩反弹，将身体的重心弹射出去，形成"球体"打人的结构。至此，就真正体现出传统拳的特色，可以做到手脚齐到的程度。

5.3 "劲"与"力"

"劲"与"力"从字面意义上来理解，是差不多的意思，但对于练拳人来讲，却有着不同的含义。利用肌肉的松紧变化而产生的作用我们称之为"力"，用"撑筋拔骨"大筋与骨节配合作用产生的效果，我们称之为"劲"。两者之间的效果区别在于"劲"比"力"，速度更快、穿透力更强，并且比较轻松，不会感觉到累。一个是主动用力，一个是被动用力，或者称之为"阻力"练法。"肌肉力"吃年轻饭，而"筋骨力"随年龄增长，劲力越来越强。这些因素也使得我们要遵循用"意"不用"力"的原则。所谓"意"，就是寻找阻力的途径，是产生"劲"的前提。

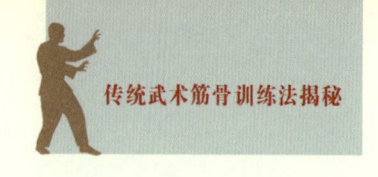

5.4 "式"与"势"

拳在于势而不在于式，"式"是对动作定架的理解，是架式，是有形的。"势"是气势，则是对整个劲力体系的深度理解，是自我潜能的开发，是勇猛，是克敌制胜的决心。动物捕物，有势而无式，虽无式，但却结合巧妙，浑然天成，纵全身之力，扑窜而进，勇猛果断。与敌对阵，精神振奋，自然气血充足，无往不利！具备了"势"，即是到达了功夫的一个较高层次，出手变得随心所欲，手脚齐到，起落间，胜负已分！

5.5 "打击"与"冲击"

要形成"球体打人"的攻击效果，须做到将"身体挂在手上"，运用崩弹及身体的重量进行打击，可以起到如榛子打入墙壁的效果。另一种是整体冲击，在触及对方的一瞬间，运用穴位的强化效果，将身体躯干与四肢结合成一个整体，以意领，以力攻，三尖齐到，同步冲击。如古代打仗，持长枪相互冲击阵营一般，身体与大枪融为一体。将两种模式相互配合，可以使攻击效果更好。有拳谱讲"在气则滞，在意则灵"，我们讲的"意到气到"，并非呼吸之"气"，而是体内固有的"营气，卫气"，是气血。心生勇气，则无坚不克，放胆即成功！

5.6 "放"与"打"

经常听到有朋友讲，将人打飞、放飞，把这个作为功夫高低的坐标。子弹可以将人打穿，那是因为速度快，反过来讲，将人放飞凭借的并不是速度，而是过对方的重心，使对方失重，从而产生"飞出去"的效果。相反的，放人时，速度却不能太快，形成"打击"点，就没办法放出去。"打飞"也就是将人放出去，所要具备的条件是，快速过对方重心，用自己的重心拔起对方的重心！另一类型就是打击对方的"软肋"，如"膻中穴"，使其难忍。

5.7 "内"与"外"

人的身体就像一个空瓶子，内脏就像瓶子里的水，当瓶子左右摇摆，里面的水就会不断改变自己的形态，反之讲，水在瓶子里的运动也对瓶子产生了力的影响，这就是"内功"。在练功时，内脏起落、摇摆，会对人体的重心产生作用，不断改变人体的重心位置，使人体产生冲撞的劲力。所谓"内无有不借外成的"，"内"，可以理解为内脏；所谓"外"，是指身体，肢体。内动是内脏的提坠翻滚，使得表现出身体的大开大合，拧裹。内之发动，外即随之，相互影响，相互配合。外之运动，内即赴之，使劲力更加浑厚。盘拳练艺，就是要将身体的每一个细节都加入到劲力的发放当中去，称之为"一枝动，百枝摇"。

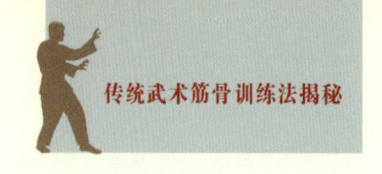

5.8 "擒"与"阻"

在"大擒拿"中，擒腕用肘破，擒肘用肩破，擒肩用身破，可以理解为用"大圈"破"小圈"，节节击破。反之，则以身带梢，节节递进。若以交手而论，则无外乎"起、随、追"。传统功夫的练习过程中，用节节擒住的方式来寻求"阻力"，是一个非常可行的办法，我们知道有阻必有发，"弓"撑之越满，发之越猛。若有擒住一身之道，必能挣开一身之骨节，令整身如弹簧。习拳练武，贵在明拳理，懂事理，知其所以然，虽有高山险阻，仍可一马平川！

5.9 "快"与"慢"

传统拳的练与用是存在很大差异的。练拳之初，以慢为快，何为"慢"？指形体之变，看似波澜不惊，实是暗流涌动，撑骨节，拔大筋，如蓄势待发之大"弓"。"彼不动我不动，彼预动我先动"，由"心惊"带动"身惊"，瞬间万箭齐发，奔腾而至。如同水坝之水，缓缓汇聚，瞬间决堤，倾流而下，此刻气势磅礴，如泰山压顶之势。练拳即是如此，内动外随，静如处子，动如山崩，有阴必有阳，有蓄必有发，蓄势越足，劲力越猛，惊意越强，出手越快！"慢"是为了更好的快，慢是"因"，快是"果"，两者搭配，便能生生不息。

5.10 "松"与"紧"

松与紧是相对的，应该是松中有紧，紧中有松。一根琴弦，你们说是松还是紧？静止也是崩直的，但相对于用手指压弹时，它又是松的。因此，松紧是有前提的，不是绝对的松，也没有绝对的紧。练传统拳，有个步骤叫做去"僵劲"，这是练拳之初必经之路，所谓的"僵"并非肌肉的"硬，紧"，而是指关节。所以，一味将肌肉放松，是去不了"僵劲"的，没有办法让关节变活，不能易骨，就不能易筋，就难有质的改变。所以，紧，是筋的崩起，松是关节缝隙的拉伸，是关节的活，是同步存在的。

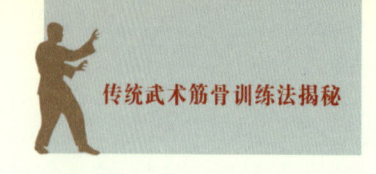

5.11 "一横，一竖"

"横以用竖，竖以济横"，道明了"横竖"劲力之间的密切关系。横劲，多为胯肩之劲；竖劲，多为"蹲起"之劲，带身体的重量，故而比较霸道，为攻坚克敌之主力军。加上关节缝开，大筋崩弹发力，则如同催化剂一般，将身体的重量如同弹丸般打击，攻击力发挥到极致。一个简单的"冲拳"带上一个拧旋，透劲立刻变大。一个"劈手"带上一个旋臂，令对手如同刀割，劲力直透骨髓。它的本质是身体的跟进。"旋"既有"横"，也有"竖"，是综合劲力，俗称"螺旋劲"。有了大筋、关节的拧裹崩弹，带上身体的重量，自然出手如箭如钻，力透敌背！实际运用当中，需要达到"身如弹簧"的效果，这样才可以"惊起惊落"，将身体的重量用活，如同高空坠物般的冲击力，使本体重量得到淋漓尽致的发挥。人体最大的武器，就是自身的身体重量，一拳出去，可能就是几十斤的力，但屁股往下一坐，那怎么也得百十斤。如果用筋骨发动，猛然下坐，那种劲力是恐怖的。所以，千万不要说自己劲力小，更不要说肌肉不够发达，如果掌握了身体重量的运用自如，那就具备了攻击的能量！将纵向的劲力转化为横向的劲力，也就形成了"将身体挂在手上"的效果。

5.12 "起如挑担，落如分砖"

"起如挑担，落如分砖"，说明了起落瞬间，劲意的运用是非常重要的。"起"即是"涨"，从小到大，从合到开，从蹲到起，用"挑担"形容，说明了"起"时，阻力要够大！形成阻力的目的，是为了让身体形成"弓"，是蓄劲的重要环节。缺少了这一点，则脊不能成

"弧"，骨节不能拔。更甚的是，肩不压，劲则上窜，使颈椎跟头受到劲力冲击，发力越大，伤害越大，这是我们在练拳时，必须要规避的问题。"落如分砖"，这个"砖"，并不是让我们用手去劈开砖，是指脚底的砖，指地面。意指往下发劲时，要借助身体的重量跟关节劲，快速砸向地面，对地面形成剧烈冲击，也就是我们前面所说的"千斤坠"。简单地说，就是我们在动每一把的时候，无论躯干还是肢节，都要找到阻力，才可以做到身如"弓弹"的效果。

5.13 "整体劲"与"肢体劲"

人体是由躯干跟四肢组成的，在肢体则为肢节劲，如果躯干跟肢节一起发劲，那就是整体了。那么我们如何才能做到两者的同步发劲呢？方法很简单，将肢体尽量贴紧身体，即使不得不运动肢节，也要尽全力磨着身体走。日久，肢体动，则全身无处不动。实质上，我们依靠肢节，盘开了躯干，应验了"内无有不借外成"的道理。当然，还有另一层次的整体，那就是自身的体重。如果可以将自己快速砸向对方，无论速度快慢，这份力足够对手受的了。如果可以运用自身的筋骨，将自己弹出去，那就真是有速度、有劲力了！

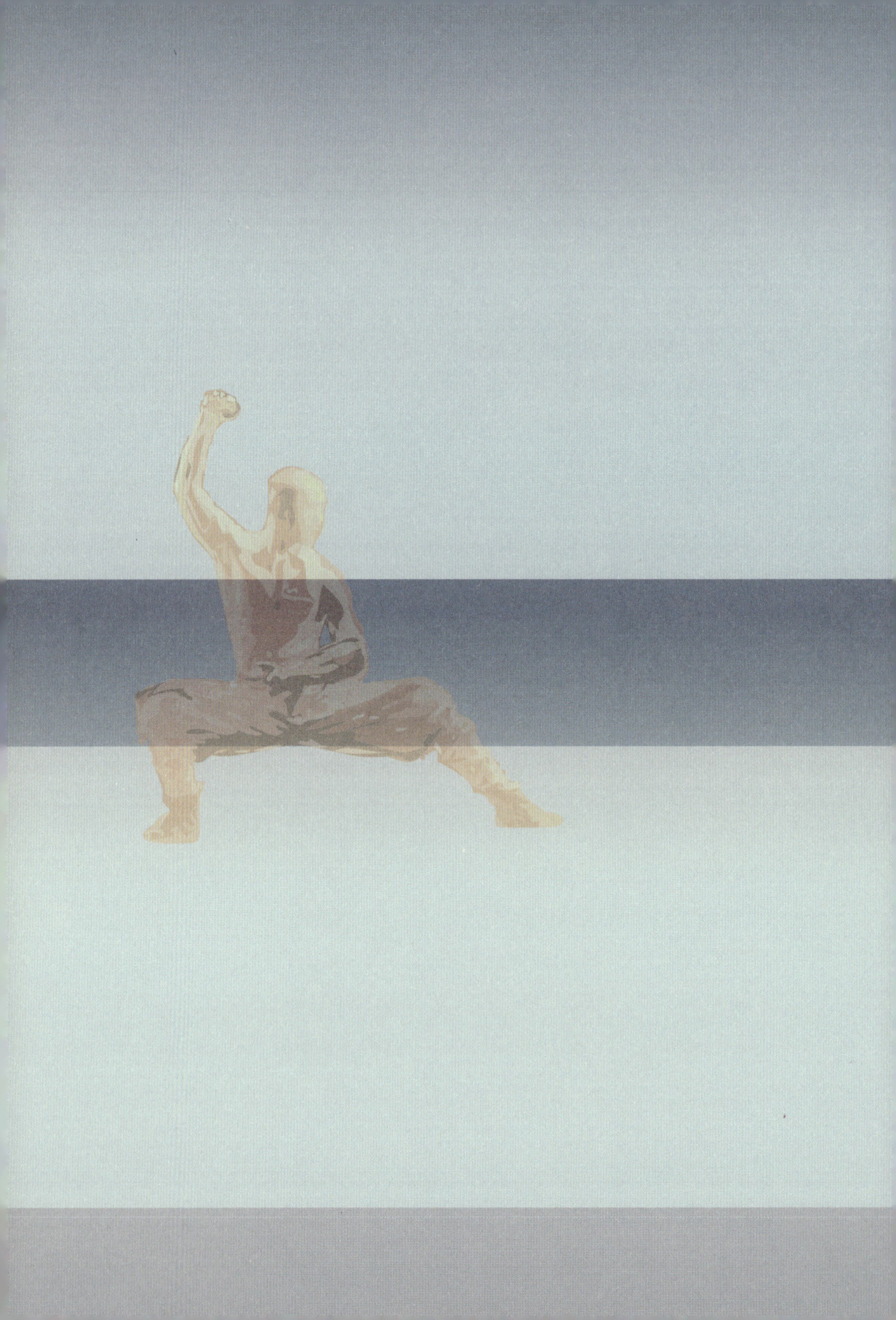

六、明拳理　述拳论（一）

6.1 颤劲可使日月无光

时常看到动物奔跑时，身体的拉伸度，令人咋舌，并非动物无骨，关键取决于动物关节缝隙的拉伸度及附着肌腱组织的伸展度。关节缝开，体现出来身体变得柔软，但却能发出极其刚猛的劲力，如同弹弓打出来一般。盘拳练艺，练的是拳，盘的是筋骨，拳架多点少点，问题真不大，要的就是开发好身体的关节劲力。全身筋骨尽数盘来，人身如同弹簧般，一动则浑身俱动，振颤不已！说"颤劲可使日月无光"，一颤之间，啥都有了，浑身上下，每一个细胞都兴奋起来，身体的重量成了打击的最佳武器，手脚齐到也变成简单暴虐，梢起根随，完全一副"硬打硬进无遮拦"的状态。狂风暴雨般的进攻，只在于浑身一个惊颤。一动多招，占尽了天时地利，使打击变得简单粗暴有效！练拳，只是对人体的再改造，或者说是返先天，使动物的潜质在人体得到极大的体现。开发身体，从筋骨开始，逐一盘开，假以时日，天地为之一宽，打拳只是弹抖几下筋骨的事，此时功夫已成！

6.2 出手如挫，回手如钩

如何做到"出手如挫，回手如钩"，首先我们要明白"挫"与"钩"的特性。"挫"，我们用钢锉挫金属物的时候，手臂要有下按的劲力，也就是我们说的渗透劲，当物体比较坚固，不易挫动时，我们很自然地会将身体压上去，增加压力，或者说是渗透力。"钩"我们可以想象得到，是将物体回拉的动作，如同拔河，我们会全力以赴，身体后倒，借助身体的重量来增强后拉的劲力。综上所述，无论是挫还是钩，身体的重量必须加上去，否则即使动作再漂亮，也难以起到应有的作用。

6.3 在意不在力

在传统拳"撑筋拔骨"练习过程中，因为日常工作生活中的习惯问题，或多或少会借助肌肉的力量进行支撑发力，肌肉的收缩用力会使得关节被固定包裹，关节无法拉伸，大筋无法崩弹。这一阶段，我们要尽量地放松肌肉，同时借助外来的阻力，或者自身的拧裹、摩擦产生阻力源，以撑开放松状态的关节，而产生崩弹的劲力。这是一个需要反复琢磨的过程，要吃透"在意不在力"的运动模式，通过不断的量化，使得肌肉慢慢不再参与发劲，原来僵硬的关节变得柔软，筋骨的崩弹变得纯粹，到了"一羽不能加"的程度，才算真的到位了。

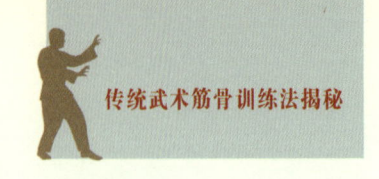

6.4 练拳不练功，到老一场空

俗话说"练拳不练功，到老一场空"，何为功？

年轻的时候，肌肉越强壮，越发达，表现出来的力量就越强。人体衰老，肌肉萎缩，肌肉爆发力大打折扣，出手出脚变得缓慢，如何保持好功力不衰退？

人体四肢百骸，连接固定关节的大筋，是一种非常韧性，如同橡皮筋般具有弹射力，且不易衰退的物质，随着年龄的增长，它会越来越强，越来越有劲力。"老牛筋"就是来形容这个的，年龄越长，劲力却越大。瘦骨嶙峋之老者，就是依赖于其大筋的力量。有些老拳师，到了晚年，身手依然矫健，且劲力奇大，就是在于他常年盘"筋"的效果，所以，练"功"要"练筋"，才能有恒久之"功"。

6.5 内，无有不借外成

传统武术，尤其内家拳中，称"内无有不借外成的"。那什么是内，什么是外呢？谈到内，很多练拳的朋友会认为是"气"，是"丹田"。外呢？则是身体，肢体等。这样的理解，是为绝大多数内家拳爱好者所接受的。更愿意"内家拳"玄妙深奥，高深莫测！

但本人看来，所谓内，包括"筋骨、关节、内脏"，所谓外，则是两手两腿等肢体关节。盘拳练艺，无非是用肢节，也就是所谓的"外"产生阻力，用身体的筋骨力去克服，从而产生崩弹发劲的效果。关节、骨架如"弓把"，大筋如"弓弦"，内脏如弓上之"弹丸"。撑开"弓"，拉开"弦"，带动"内脏"，而内脏主宰着身体的重心的变化，内脏动，则一身全动，内脏"颤"则一身颤。光有内不行，必须跟外在的关节骨架相配合，才可能有所作为，所以称"内无有不借外成"，就是这个道理！

6.6 轻出重收

"轻出重收"这是拳诀中的术语。如果从字面意义来理解的话，很难有一个适当的解释，一般人都认为，既然是出击，一定是用全身之力以赴之，必定不会轻，收回来的时候，就如同拳向后拉开，不必用太多的劲力。既然不是，那又是怎么样的呢？这得从发劲的根源开始说。

有句拳诀叫"身备五张弓"，想必大家都看到过，道理很简单，猫趴在地上，背向上弓起，自然两臂、两腿加一个身弓形成了五张弓，而五张弓，又汇聚成了一张大弓。弓是由弓架跟弓弦组成的，骨架，就是我们的弓架，大筋就是弓弦。如果玩过弹弓的人一定知道，开弓的力量比较大，但打出去时只是手一松。说到这里，

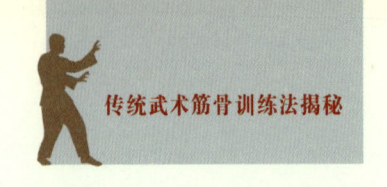

各位是否能隐约明白"出"为什么是轻了！所谓重收，收就蓄势，也就是拉弓，拉弓的时候肯定得用力呀，所以称之为重收！

所以呢，古人在创拳的时候，已经在拳诀中把要做的事情说得很明白了，问题是现在的人，是否真的弄明白了！

6.7 内五行要动，外五行要随

拳诀曰"内五行要动，外五行要随"。按照字面的意思去理解，则显得比较玄，难以实施。"内五行"即是内脏，五脏六腑。"外五行"是什么呢？有人说对应面部五官，口、耳、眼……如此一来，练得面部狰狞，但功夫却不见长进。内脏的运动，即是内脏的提坠，用内脏的动带动身体躯干的动，将人体的重量直接作用于攻击，通过四肢等肢节表现出来。所以，将外五行理解为人的肢节来得更为恰当！内脏的动带动人体起落进退，令身心合一，形整劲齐，配合好肢节筋骨之动，使"身体挂于手上"进行攻击，称之为"球体打人"！

6.8 起不起，无须再起；落不落，无须再落

"起不起，无须再起；落不落，无须再落"。乍一看，是相互矛盾的，如果从初学的角度来讲，"起落"必须要借助肢体的蹬伸来实现，在外形方面的变化较大。随着功力的深入和人体开发程度的增加，躯干的劲力逐渐占据主导，身体的"弹簧"出现，往往身体瞬间的抖颤，就完成了"起落"，也迎合了"大动不如小动"的说法。从外形的变化来看，动静就在一颤之间，这是功夫提升的一个标志。用身体躯干的"弹簧"代替了大幅度的身体起落，这个"弹簧"就是骨缝的开合、大筋的崩弹，可使人体的发动变得更加隐蔽。

七、明拳理 述拳论（二）

7.1 千金难买激灵颤

有拳诀称"千金难买激灵颤"。啥是"激灵颤"？用手去摸一只毫无戒备的猫，它会表现出突然受惊，身体剧烈惊颤，让人感觉触及毛发却难触碰体肤！说"千金难买"，一是缺少练习的方法，二是人做不到"拳不离手"的地步，即使有方法，依然难以达到。所谓"拳不离手"，并非让人一天到晚其他啥事儿都不干，定神练拳，而是指改变人的运动状态，如动物般，以筋骨为运动元素，以胯脊为运动核心，以抖弹为运动模式，从根本上改变自身的运动习惯，达到坐也练，卧也练，行也练的程度。

猫、狗行走奔跑，用胯用脊而不用膝，善于用胯脊的抖颤运动，久而久之，皮肉跟骨架分离，内脏能够与皮肉、骨架形成扭矩运动，如同皮筋，不断处于拧裹状态，而不断循环往复颤动。表现出不动则已，动则连续不断，如若将此劲力传递到肢体，可形成无间隙攻击效果，是练拳人追求的至高境界。

7.2 前阴后缩两肋开

拳谱有云："前阴后缩两肋开。""肋开"则横膈膜打开，内脏可上行至胸腔，在胸腹腔之间来回运动，而形成冲撞劲力，由此带动身体重量快速转移，使身体自身变成力量源，劲力陡增。"前阴"是指男人之"阴茎"，往回缩时，可以配合或者是协助肋部更轻松地打开，如果大家有细致入微的观察力，可以从狗身上发现这一现象，可见古人对身体研究得很透彻！

7.3 三回九转是一式

有句老话讲"三回九转是一式",也就是说练拳的本质是速度和劲力。动作再多,最终需要改变的,还是自身的筋骨、关节、内脏。

功夫离不开"招势","招"可以有数量,但"势"却无法估量,它是自身结构的改变,我们称之为"质变"。由"量变到质变"是人体转化的必然过程,我们用具体的形加上一定的量,达到质的改变,从而达到招招气吞山河,势不可挡。

心意拳当中所讲的"十形合一",其用意就在于跟习练者阐明功夫的大成是由繁入简,是功夫上身的表述,而非真的在外形上体现。归根到底,"功夫"是建立在自身结构改变的基础上的,我们有针对性地将关节逐一盘开,再进行整合,与内脏之起落相呼应,直指核心。所以功夫是可以"速成"的,关键还是在于"法"!

7.4 三口并一口,打人如同走

传武中有句拳诀曰:"三口并一口,打人如同走。"所谓三口:虎口,胸口,嘴巴。这三"口"与打有什么关系呢?如果从运动轨迹来考虑的话,就不难理解了,两手"虎口"相叠,意味着两手并一手,两臂合劲。嘴巴跟胸口都置于身体中线的位置,一上一下,运动时,打的圈劲,走的立圆,由胸出,由口落,形成纵圈运动,就做到了拳由中线出,自然就能够运用身体拧转的劲力直接传递到手,使身手一体化。我们观察猫走路时,左右两脚之间的距离也是非常近的,就是所谓的"猫

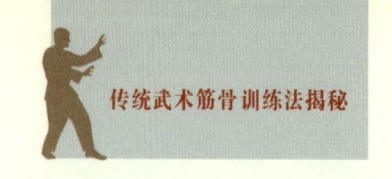

步"，换句话来讲，就是"中线"出了。动物都是擅长用胯、脊的拧摆来实现前移的。反之讲，人两臂两腿夹之越紧，就越能将身体的劲力传递到四肢，所以也就有了"打人如同走"这句话。

7.5 身如弓弹

将拳融入生活元素，就可以变得简单。一根筷子，横向易折，纵向受力却很坚强，人也一样，能挑几百斤重担，但却无法受几十斤横向推力。如何将纵方向的劲力转化为横向出击的劲力，才是我们练拳者耗尽一生追求的东西。

观察一下挑担，几百斤的重担，挑担者先是屈胯弯腰，身如弓形，而后屁股往后一拱，轻松起担。如果我们在主动发劲当中，可以把这把劲力转化到进攻点上，那功夫，即使不练任何功力，也够对方受的了。细想想，挑担无非是在担压的前提下，将"脊柱""胯"被动压合成"弓"，产生了身如弹簧的"弓劲"，也或者称"龙虎"之劲。练拳中，如果时时做到肩如"挑担"的气势，拳架自然到位。所以说，拳产生于生产劳动，最高深的秘诀都融在其中。练拳生活化，生活武术化，用拳术演绎生活，用生活指导拳技！

7.6 束涨二字一命亡

有拳谱中讲"束涨二字一命亡"。这个"束涨"可见是十分的厉害。何谓"束"，就是"裹缩"的意思，像捆粽子一样捆紧捆实。我们听说过的"缩骨功"，就是将自身的骨缝闭合，甚至交错，使骨架团缩在一起。我们所说的"束",也同样要将骨节缩紧。如同爆竹般,裹得越紧,爆之越烈。前者是靠火药,后者则是靠骨节挣劲,大筋崩弹。盘拳练艺,第一步就讲"撑筋拔骨",为后面的骨节的"束涨"提供了条件。"束涨"的连续不断也就是"弹簧劲",许多人可望而不可及。此为"势"而不为"架",所以无法模仿,真正练到了才知其中奥妙。

7.7 贴背以转抖

拳谱中有云"贴背以转抖"。何谓"贴背"?说通俗一些就是"脊柱成弓",这是身体"五张弓"当中最大的一张弓,躯干弹簧的重要组成部分。练习时,须借助肩的压和胯的翻来实现脊柱的"贴",用"贴"字,就意味着脊柱极力地后拉,挤向后背,使背"拱"起。用"转抖"二字来形容效果,其实是非常精准的。由于脊柱特殊的结构,使其可以将拧裹旋转抖弹融为一体,形成综合性的劲力,或者称之为"螺旋劲",就更好理解!

7.8 腰马合一

传统拳里有句话讲"腰马合一"。很多人认为是腰带动腿发力。脊柱中的胸椎、腰椎,其最大的功用应该是形成"弓",而非腰椎的左右拧转发力。"马"是指什么呢?"马"是善于奔跑的动物,意味着人体的下盘,腿部的移动。"腰马合一"则是否是要用腰带动腿同步运动呢?实际上,脊柱是要避免横向主动发力的,容易导致脊柱的损伤而得不偿失。

观察动物奔跑时，拧动最厉害的部位是屁股，也就是人体的"胯"，有屈伸有拧转，用胯带动腿部进行快速敏捷的运动。我们此处所提到的腰，只是一个粗略的位置，精确地讲，应该是"胯"。"胯"为人体一身运动的枢纽，胯活，则一身活，所以就有了"宁教十手拳，不教一手胯"的说法。

7.9 一枝动，百枝摇！

拳谱云："灵劲上身天地翻。""灵劲"即是"颤劲"，是整合好一身之筋骨，瞬间由神经反射的惊，带动全身的惊，是武学的较高层次。要达到这样的境界，首先筋骨要好，盘开全身的关节、大筋，以内脏的起落引导身体重心的快速位移，整身如弹簧一般，压之即弹。一根枯木与一棵生机盎然的树之间的区别在于，枯木踢一脚，可能会踢断，但是茂盛的树，踢它一脚，树干带动整棵树猛烈颤动，一枝动，百枝摇！撑拔筋骨，目的就是让身体每个关节都充满弹性，达到"身如弹簧"的效果。有了这个前提，心一惊，浑身一颤，劲力遍布每一处肢节，无有不能。

7.10 在意不在气，在气则滞，在意则灵

古谱云："在意不在气，在气则滞，在意则灵。"体内穴位，如上、中、下三丹田，劳宫、涌泉等穴位的运用，并非有实际的气的运动，或者说与呼吸没有关系，是以意领"气"。"气"是一种虚幻行为，目的是为了使上、中、下三节以及四肢形成一个整体。就如同汽车的零件，必须要紧凑，如果螺丝松散，则经不起碰撞。穴位的作用就如同汽车的紧固件，使车体更加坚固，经得起冲撞。传统拳惯用的"球体打人"，符合冲撞的原理，这种引导的产生，本质就是为了整体齐进，将人体四肢躯干合成一个"球"体，而并非我们理解当中的用气去发力，这是一种误区。劲力的根源还是在于筋骨崩弹，内脏提坠。

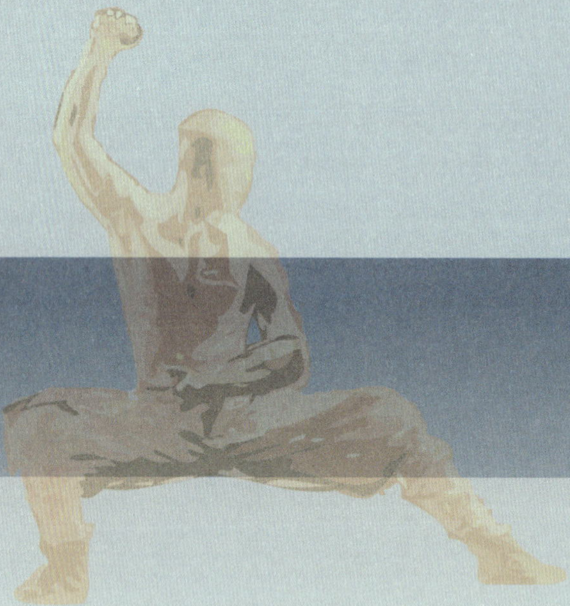

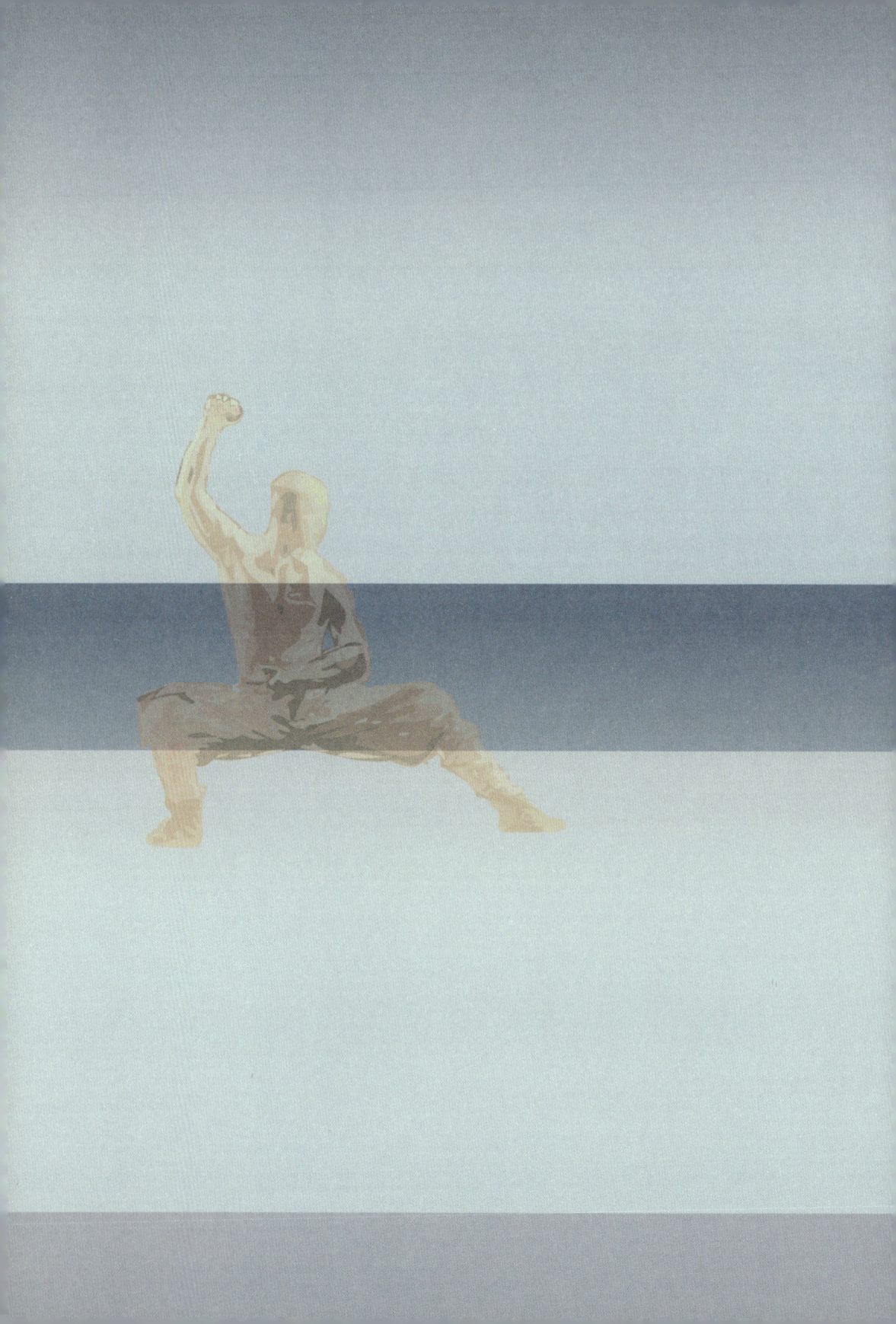

八、轶传二三话

8.1 鹰捉虎扑双双起（一）

有拳诀称"鹰捉虎扑双双起"。何谓"鹰捉"，自上撕扯而下；何谓"虎扑"，自下而上，窜身而进。两者的关系，有压必有弹，有退必有进，有缩必有涨。实战中，手为先锋，身为帅，欺身而进，为进攻之要义。又云"势势不离鹰捉，把把不离虎扑"，两势相互依存，贯穿整个进攻，是实战灵魂所在。练拳不可能面面俱到，只能抓住核心，以旁枝末梢为补充。"过步箭窜"存在心意拳的每一把收势中，反复盘练，看似收势，实则起势，是下一轮进攻的开始，无穷无尽！古人造拳，从实战中来，一切设计为实战服务，盘之越多、反复磨练的动作，一定有重要的地位，大家珍惜之。

8.2 鹰捉虎扑双双起（二）

"身如弹簧"是筋骨劲力发挥到极致的一种体现，整个身体的关节均能脱开缝隙，使大筋能够撑拔，从而产生弹抖劲力。在训练的过程当中，我们先要逐个盘开大小关节（肩、肘、胯、肋……），而后再进行整合，整合筋骨的两把核心的劲意为"恨天无把，恨地无环"。以此将身体的关节拉伸至极限，共同崩发，形成一动无有不动的阵势。由上往下，我们称之为"鹰捉"，由下往上称之为"虎扑"，两者相互依存。

"鹰捉"练习时，可以视头上方有一个环，两手抓紧后，先坐胯，则身体节节拉开，而手不走，各关节拉伸开，大筋崩紧能弹，瞬间即可脱开手部阻力，使手连身一道往下崩砸。当我们由量变到质变，身体能自如崩弹而起，形成由下往上的劲力，则虎扑已成。这也是拳谱中所说的"鹰捉虎扑双双起"的根源所在。

8.3 夹肘提内

人体最大的能量来自于自身的体重，将身体的重量作用到打击中去，是将人体的潜能发挥到最大的不二法门。

要控制好自身的重量，首先要学会"夹肘"，肘夹，则内脏合，肘起内脏起，肘落内脏落，是将内脏与肢体结合的重要环节。形成了连锁反应，肘提—内脏起—膝起，胯坐—内脏落—肘落！

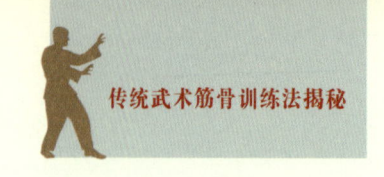

"起落劲"一旦带上"内脏"的提坠，就如同打击过程中增加了加速度，每把劲力都能透骨！在综合搏击训练中，有一种方式是抡大锤砸轮胎，如果砸过的朋友一定会有深刻的感受，抡起的瞬间，内脏自然提起了，砸下去的同时，内脏也砸向盆腔，握锤的姿势，使得两肘自然贴近夹紧，这种训练模式，从根本上开启了身体的潜能，是一项非常不错的训练手段！

8.4 刮地风之我见

拳谱曰："势势不离鹰捉，把把不离虎扑。"我个人觉得"上有鹰捉，下有刮地风"。

鹰捉之所以厉害，是因为其将一身之重加于手，令对手无法格挡，如鹰之捉物。

刮地风，在各派系的练习中，虽然动作大同小异，但实质却差异很大。用前膝发劲弹踢者居多，也有用胯抖弹的。但我个人认为，如果能够加上身体的起落劲，瞬间将身体重量的加速度运用到前脚掌上，效果会更好。我们在打刮地风的时候，可以以胯为轴心，做一个纵向的圆周运动。如划船时，重心的划圈变化，加上胯膝的协调抖弹，自然可以将一身之劲灌于前脚掌，产生巨大的破坏力。

我们在使用刮地风时，伴随着手臂向上的抽提之劲较多。我们也可以用鹰捉配合刮地风，打一个上下的合劲，形成上下的夹击，可以给对手形成巨大的心理压力，两个极点的进攻，往往使对手防不胜防，可以产生非常好的技击效果。

当然，我们更深挖一步，可以打出连续不断的刮地风，并且手上也要配合连续不断的进攻，无间隙打击，令对手应接不暇，使实战变得更轻松、自然！

8.5 百招会不如一招鲜

当今社会，舞武成风，会多少套路，懂多少招，动作优不优美，成了评判功夫高低的主要标准！古往今来，冲锋陷阵，用于杀敌的，也就那几下子。古人创拳，刀法也就是"缠头裹脑"；枪法也就是"拦拿扎"；棍法无非抡、劈、扫、砸……动作都是精练实用，如今加入了太多的花招，虽漂亮，但不实用！我们练拳亦是如此，一个人实战能力强不强，除了实战经验，关键的就是人体本身的开发和潜能的挖掘程度。速度和劲力是决定功夫高低的因素，"筋骨、关节、内脏"是根本！

人体大关节就那么几个，有针对性地选择几个动作，强化盘开即可。动作多了，那就是每天在复习动作，而非强化。如果可以用一个动作盘开关节，我们就尽可能不用两个动作。即使是一个动作，我们可能一辈子都学不完，取不尽！我们目前要求将关节打出"筋骨齐鸣"的效果为过关，但实际上，"筋骨齐鸣"只是一个入门阶段，是关节开的标志，要达到"炉火纯青"还远远不够，所以大家在练习的过程中，切忌贪多。关节逐一开发，达到效果再整合多个关节，达到身如弹簧的效果。

8.6 劲力根源

动物之所以行动迅猛，是因为它们平时以胯脊主宰运动为主，带动身体的肢节运动，形成了以"根带梢"的运动模式，且筋骨崩弹，使之快捷无阻滞，往来如风。就如同钟表的齿轮，小的动一丝，大的动一分，躯干颤动，带来肢体的连续不断。"筋骨"之间的撑拔使关节体现出如竹子般的"弹力"，这样就能够把全身的劲力连接起来，如同"自来水"一般，哪儿需要就聚集到哪儿。相反，身体过"柔"或者过"硬"，使得劲力无法传递，则只能体现"局部力"。

所以我们忽略肌肉存在，把重点放在关节的"撑拔"上，一切问题自然迎刃而解。前辈们创拳于战场，身经百战，而后有所悟，手握长兵重器于马上，熟知用力之道，重整体而轻局部，重筋骨而轻肌肉，重夹提之弓而轻蹬地之力，久而久之，形成了以"筋骨、关节、内脏"为核心的劲力体系！

8.7 所谓"六合"

拳中所讲"六合",除了手脚合、肘膝合、肩胯合外三合以外,更有心意合、意气合、气力合内三合。外三合好理解,内三合比较抽象,看不着摸不到,需要用心去体会。

"心"即是想法,需要得到什么,就得通过这种意识的构造表现出来。练拳,追求的一是"劲",二是"速度",同时两者又是同步存在的。两者兼备唯有"惊意"！若要"惊",可以想象一些日常生活当中让人惊悚的事物,如突然受到惊吓,心提到嗓子眼的那种感觉。继而由"心惊"带动横膈膜的动,驱使内脏快速的惊起惊落,与身体肢节的筋骨崩弹相互呼应,从而产生超越寻常的速度和劲力。

"六合"与生俱来,初生婴儿身备六合,一只猫或者狗都可以是我们最好的师父,在它们的身上我们都可以找到功夫高层面的标准！动物的胯、脊、筋骨的崩弹,内脏的动,皮肉骨架的分离程度,都表现得淋漓尽致,功夫高手应该具备的,它们都具备了！

8.8 动物给我们的几点启示

说到动物,我们就想到狗呀、猫呀,大型一些的,就想到猴子老虎之类的,它们给我们的第一印象是灵敏,勇猛,善于奔跑……其实,我们只是看到了它们的表象,并没有深究为什么它们比人更有运动天赋。

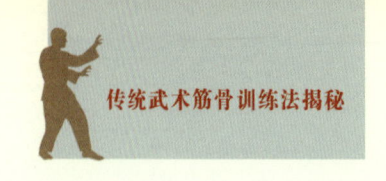

第一，从发力方式来看，在奔跑或者扑向猎物时，他们都是整个身体扑向对方，保证了绝对的整体力。第二，在奔跑时，它们总是屁股先下坐，形成整体的下坐力，再通过地面反弹往前窜出，充分地借助了身体重量发劲，力量大，且更加节省体力。第三，动物的皮毛跟骨架的松离度很大，为运动提供了更大的活动空间，且借助毛皮的前后窜动，获得其他能量。第四，运动的内脏前后的活动量很大，在胸腹腔之间往返运动，为运动提供了惯性力。

人们总是惊叹动物的动作之迅猛。一只狗，在遇到攻击时，瞬间的转身速度令人咋舌，说明它的神经反射程度相当高。狗在嬉戏时，可以咬着自己尾巴打转转，说明狗的肋骨的开合度之大，不是人所能比肩的。前段时间看到一段猫打架的视频，速度可以快到看不清动作，试想，如果在实战中，人也具备同样的速度，不知道对手还怎么打！

将一只猫在高空抛下，每次落地前，它总能在空中翻转调整自己的体位，使得最后脚落地，说明了动物对自己身体的控制能力非常强，可以不借助地面发劲。

动物的身上，有很多值得我们学习的地方，如果人具备了动物的运动水平，那绝对是一个高手。我常跟学生说，不要小看狗呀猫的，它们都是武林高手！这句话当然是半开玩笑、半当真的了。不过，有些问题，确实值得我们深思。

8.9 练功四步曲

"筋骨崩弹"可以使出手如箭，使攻击连续不断，但最终形成致命性打击的，还是身体重量产生的"千斤坠"，或者称将"身体的重量挂在手上"进行打击而产生穿透性的劲力。所以我们的训练，第一步是"撑筋拔骨"，第二步是"内脏提坠"，第三步是"内脏与筋骨合"，第四步是"身体的瞬间窜进"，完成这四步，可以说，传统武术的功夫也就练得差不多了，以前拳谱中讲的"手、眼、身、法、步"基本就蕴含其中了。练拳要明理，高深的拳论只会让武术爱好者们越走越远，朴素而切合实际的练拳步骤才是我们应该遵循的原则，正确的方法，加以数量的累积而形成质变，才可以有所成。

8.10 练拳误区

出拳之法，"轻出重收"如弦上之箭，拉力越大，出箭的劲力也就越大。盘拳练艺，盘的就是"筋骨"，动的就是"内脏"。"身备五张弓"即开即弹，崩弹不断，而并非肌肉的松紧变化！

初始学拳，首先得明白身体发力的条件有哪些，人体依靠什么来发劲。而后，懂筋骨，明内里，知道它们之间的关系，如何将这些真正运用到实战中去，是我们追求的目标。

心为点火之源，"心一颤，四梢发劲"。何谓四梢，"发为血梢，牙为骨梢，指（趾）为筋梢，舌为肉梢"。如果单讲"四梢"，很难跟实战打斗结合起来。人被吓一跳的时候，如果惊吓得厉害，有一种毛骨悚然的感觉，汗毛都竖起来了，此时也就具备了"四梢"。所以说，"四梢"并不是我们练习的内容，而是一种效果的表现。我们在盘拳时，千万不要拘泥于类似的现象，如"含胸拔背，沉肩坠肘，虚领顶劲"这些只是一种现象，如果刻意去模仿这种特征，适得其反。心意拳中，一个熊形，其实已经包含了这所有的内容。我们练拳，要形象，

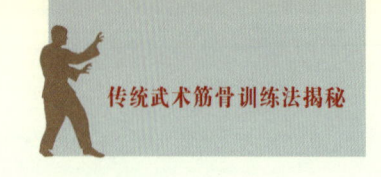

要生动，切忌好高骛远，追求高深的理论，那样只会让自己越陷越深，无法自拔，以至于现在很多人一开口就是气、丹田这些非常专业的术语，将呼吸跟小腹鼓胀的现象，都归为气沉丹田。有点常识的人都知道，气的交换，只能到肺，肺泡进气胀大，迫使横膈膜下降，从而产生内脏的下行至腹腔，使得小腹鼓起。这才是真正意义上的气沉丹田。从实战的角度来讲，是不能束缚在气上面的，"在气则滞，在意则灵"拳谱中也有所说明，但却很少有人究其实质。所以内三合的心与意合、意与气合、气与力合是不明确的，个人认为应该是心与意合、意与内合、内与力合。

再如，步之根本，不在于步，而在于胯、在于肩，称之为"按肩以练步"。

很多拳术，都是象形拳，我们在练习时，切忌只求外形的相似而忘记了根本的东西。我们追求的神似，是动物身上具备的一些特性的东西。如虎之捕物，以整体扑进，龙之折身，鹰之整身落坠之劲捉下，马之奔腾急刹，鸡提膝之功……我们是学习它们的绝技，而不是外形。否则只能哗众取宠。如"雷声"我们要取雷这蓄势，而非其响声，但在如今的表演中，声音的大小，已经成了评价功力大小的标准，真是可悲！

8.11 如何保护膝盖

人体关节中，最易受损的当属"膝盖"了。动物四条腿支撑走路，四根"柱子"支撑，而人是"两根"，单从这一点来讲，腿部的承受力是最大的，要支撑起整个体重，其中因为人体直立行走，脊柱

八、典传二三话

呈S形弯曲，失去了躯干与肢体的整体性，所以用膝盖屈伸，来达到行走的目的（动物依靠胯与脊的拧摆运动来行进，膝盖部位几乎是固定不动的）。从这点上来讲，身体最累的莫过于膝了，只要是站立着或运动着，它就得工作。

大家在练拳的时候，为了达到身体"拧转"甚至"抖弹"的效果，借助膝盖增大拧转的幅度，在单腿支撑的情况下去完成这一动作，是相当危险的，等于是雪上加霜，快速磨损膝盖。

我们知道，膝盖的构造，对于屈伸比较在行，而对于横向的拧摆，实际上是过于牵强了。同时我们知道，半月板（膝盖关节中间的那块垫子）损伤以后是无法修复的，它的毛细血管很少，血液到达不了这个部位，几乎无法修复。所以很多的运动员，在退役以后，或多或少都会有膝盖的问题，我们称之为"劳损"，是提前的老化。所以我们在练拳过程中，要求大家固定膝盖，不参与"拧摆"，甚至减少膝盖的"屈伸"，借助"胯、脊"来完成这些动作。"胯主横，脊主顺"，更多运用身体大关节来实现身体的发劲。

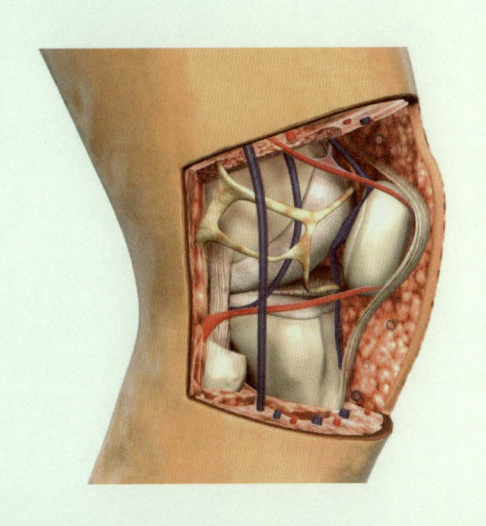

77

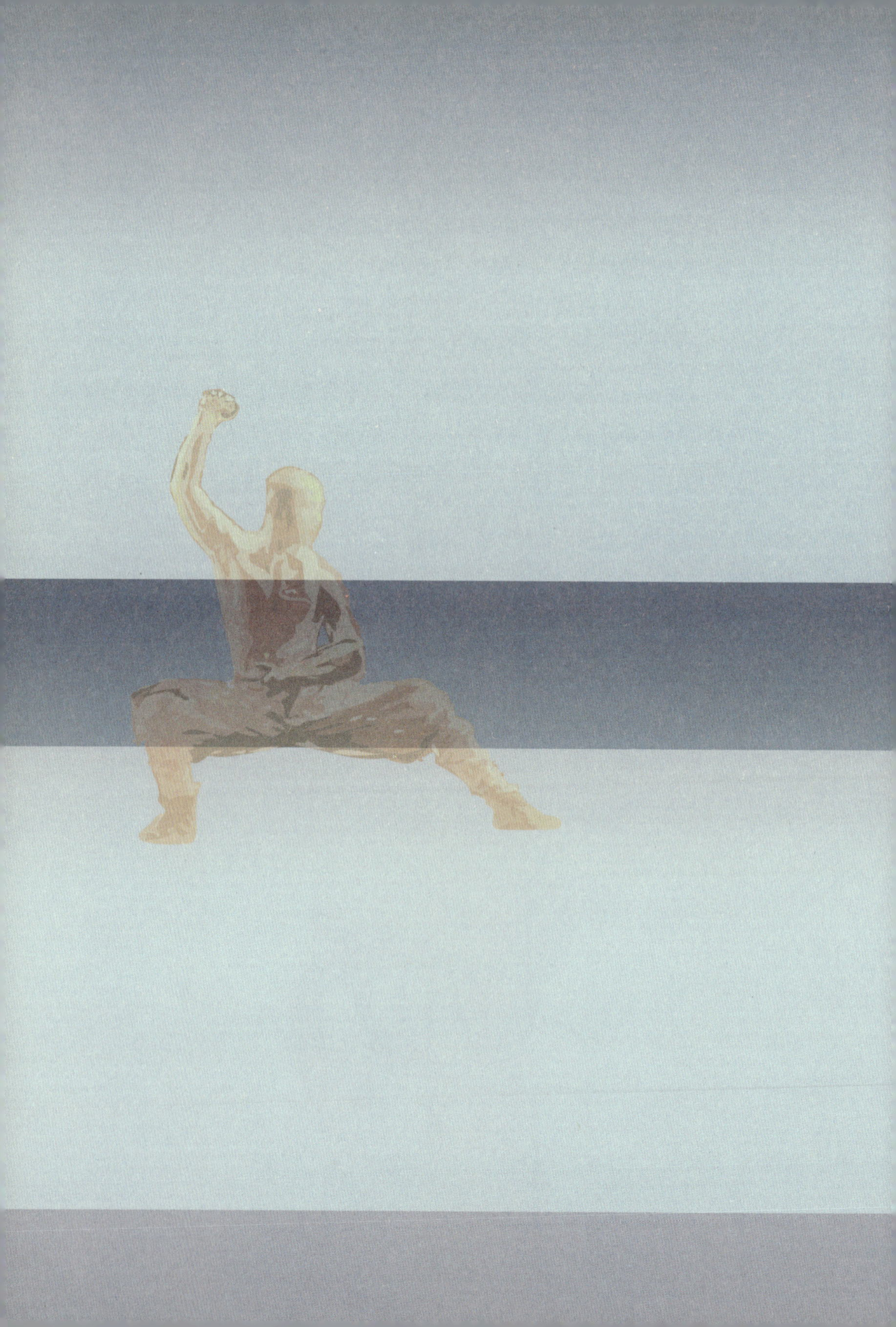

九、心有丘壑　细嚼留香

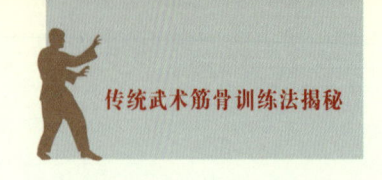

9.1 灵劲

拳诀讲："灵劲上身天地翻。"所谓"灵劲"，就是"惊颤劲"。一惊之间，抖发出来的一把劲意，更甚者是一惊多把。最快的拳脚就是由这种类似于身体本能抖发出来的劲力所主宰的，同时又能将身体作为"拳"直接砸向对方，所以无论在劲力还是速度方面都能够达到一个完美的结合。

观"虎抖毛"，全身一颤，内外皆动，浑身如弹簧般惊颤不已，此类劲力放长击远到梢节，便能无懈可击。天地间最完美的进攻在于"灵与肉"的合二为一。神经敏感反射，直接表现于肢体，且身如弹簧，惊起惊落，起打落打，上下合攻，遍身是拳。

9.2 缩涨

所谓把功夫练到"骨子里"，实际还是讲的缩涨，"缩涨"有身形的变化，更关键的是骨关节缝隙的拉伸闭合，从而产生"关节劲"，说到底就是因为骨缝的开合使固定关节的"大筋"产生崩弹。所以，缩涨是一瞬间的，是由骨关节带动肢体以及身体做的瞬间崩弹开合的动作。如同在关节内加装发力装置，使得动作变得迅猛快捷。

有些功夫上身的老前辈，到了垂暮之年奄奄一息的时候，依然可以发出相当惊人的劲力，就是在于筋骨的盘练。当然，筋骨盘练也大大减缓了人体的衰老，使人体可以在肌肉大量萎缩的情况下，同样保持着青春活力。俗话说"筋长一寸，延寿十年"，我们称之将功夫练到了"骨子里"。

9.3 点火论

无论是传统武术还是现代搏击，瞬间的反应速度都显得尤为重要。在现代搏击中，通过打移动靶来训练反应判断力。而在传统武术当中，主要通过自身的意识来提升速度，如在练习过程当中，用"炮弹出膛、爆竹炸开、油锅滴水、梦中惊醒……"的方式来训练自己的神经反射，在拳谱中称为"点火"。

就如同爆竹，要使其燃爆，必须点火一般，要有引爆的过程。但是，光有神经的反射是不够的，将惊意跟内脏的惊相结合，由内脏的惊起惊落带动肢体的瞬间变化，才可能起到快速打击的效果。这样的"引爆"，往往在某些动物身上表现得淋漓尽致，如果可以在人身上表现出来，实战的水平就会得到快速提升。

9.4 翻浪劲

拳劲中有"翻浪劲"。什么是翻浪劲？如海水之波涛，前呼后拥。着重在"翻"字，翻则为圈，走的是弧线。在盘拳时，由胯而起，由背而翻，由手而落，我们也通常讲"翻背"。猫、狗类的动物，它们的背

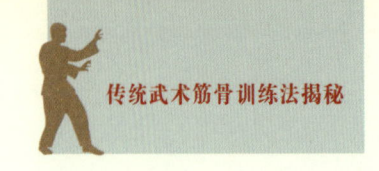

部皮毛跟身体几乎是脱离开的，体现了它们在"翻浪劲"上的炉火纯青。我们在练拳时，如果能注意到背部的拉开，劲力的弧线上翻，则能将身体的躯干劲力瞬间加到打击的肢体上，产生更大的整体穿透力。"翻浪"有一个特点，就是源源不断，前继后涌，起而又落，落而又起，连绵不绝，如大海波涛拍击海岸，有将对方不拍得粉身碎骨决不罢休的气势。

9.5 惊劲

内脏的"惊起惊落"可以使身体的重量如同"球体"一般，连续不断砸向对方，产生这一连串反应，其核心在于"惊"。

何谓"惊"？就是"惊吓""受惊"的意思，我们在漆黑的夜里行走，背后冷不防被人拍一巴掌，是什么样的感觉呢？古人练拳到一定程度，需要到"坟地"里去练，目的就是找到那个"惊"。"吓一跳""心跳到嗓子眼"……是对受惊吓后人的反应的形容。人被吓以后，为什么能够不由自主地跳起来，而且跳得异常古怪，丝毫不用腿蹬地，是整个人"腾"的一下就起来了，并且受到剧烈惊吓之后，有心提到嗓子眼的感觉。产生这一系列现象的根源在于，人受惊以后，第一反应的部位是"横膈膜"，它是具有弹力的，瞬间的惊起，使其带动内脏一起上移，从而人体重心会如球体般跳起，将这种能力运用到拳中，便可以形成由内脏为主导，筋骨同步的"惊起惊落"的打击模式，使进攻连续不断。

9.6 劲意

传统拳练习中，有一个不可或缺的因素，我们称为"意念"。提到这个词，大家或许会跟丹田、气联系在一起。其实不然，我们需要的意念，是为了指导动作，形成动力定型而使用的假设法，在现代搏击中同样存在。比如踢击沙袋时，我们往往会将踢击目标想象在沙袋的另一边，从而产生更强的穿透劲力，这就是"意念"。传统拳擅长筋骨发劲，就如同"开弓放箭"，每一下都是骨节拔开，大筋崩起，然后发劲。用"意念"脱开骨节，才可让大筋参与进来。例如"恨天无把，恨地无环"，就是为了在起或落的时候，将全身的筋骨崩起发劲，而集全身劲力于一点的假想法。当然，诸如此类的劲意还很多，在心意拳中，就有"十二把劲意"，用于引导盘练。心之发动，曰"意"，我们在练习中应多琢磨，定会有所收获。

9.7 钢珠包

传统拳中，有一种专门用来训练硬度和指力，以及整体用力的器械，门内称为"钢珠包"。这个包是由尺寸见方的帆布包内，装上适当重量的钢珠构成的，制作比较简单，其实用性非同寻常。练家子称之为"催命符"，也就意味着其在实战训练中的重要性。

钢珠包的训练是由几部分构成的，首先要训练手的硬度，包括手指、掌内侧、掌外侧、掌根、手背，叫作"五行掌"，因为包括了整只

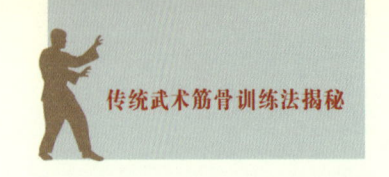

手，所以在运用时，随心所欲，到哪儿打哪儿，实用性强，且往往透劲十足，打上以后，劲力往里透得厉害。

第二种方式，是抓抛，以手指抓握钢珠包用全身之劲向上抛起，而后落下瞬间，以手指再次抓住下坠的包。练习时，根据自己的能力，遵循循序渐进的原则，装进适当重量的钢珠，千万不能急于求成，容易伤到手指。

第三，在自抛自接的基础上，可以两人对抛对接，用手指提包，或者用手掌窜包，既训练指力，又训练了身劲，还可以将撞来之力瞬间化解，是一门非常贴近实战的训练方式。

第四，在以上的基础上，如果你感觉自己行，可以将钢珠包提拉起，在空中瞬间打击，落地瞬间，再用脚背去踢击，这是需要一定的实力的，轻易的尝试只可能让你张口结舌。

9.8 千斤坠

古时有一种功夫叫作"千斤坠",闻其名,取其意,霸气十足,但真正知道者,甚微。

"千斤"从何而来,有何用呢?一只铁球,从一米高度扔下,跟在十米高度丢下,砸在地面的效果是不一样的,后者会砸出很深的坑,可见,同样重量的物体在自由落体时产生不同距离的位移,冲击力是不一样的。同时,物体的重量也决定了冲击力的大小。

人体最大的能量,莫过于自己的体重,当人体可以产生快速的位移时,表现出的能量是巨大的。如果没有"身体重量的跟进",那么无论出拳还是出腿,都显得单薄。我们可以做一个试验,站在磅秤上,突然往下一蹲,磅秤上会显示出一个远远超过实际体重的数字,相信大家都有所体会的。那么,如果我们把这种快速的下蹲或者称下坠更加专业些,通过自身的关节缝隙的拉伸,瞬间将自己的体重用筋骨像弹弓打弹珠一样砸向地面(这颗"弹珠"有点大),又能产生怎样的效果呢?于是,"千斤坠"这个词便产生了。

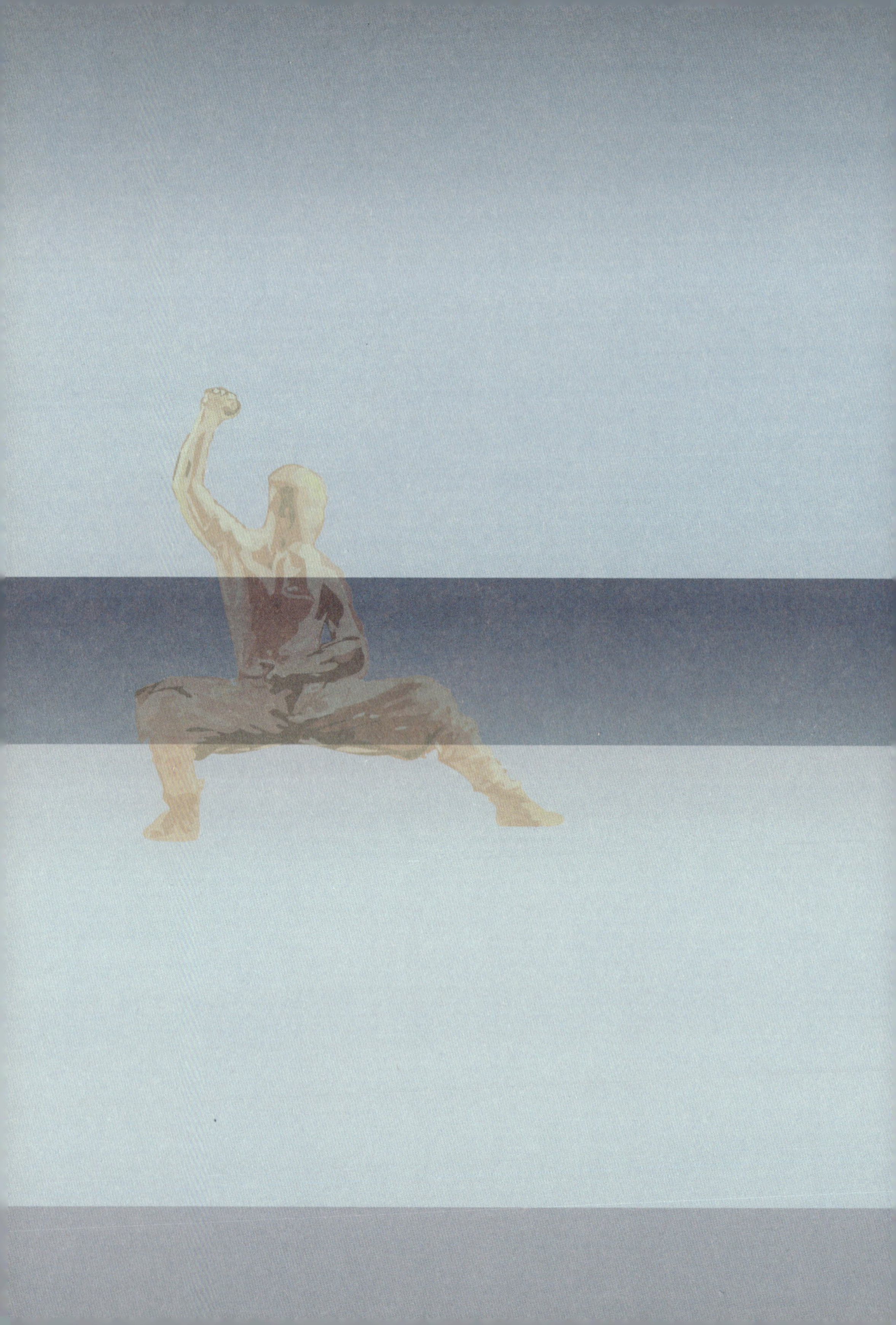

十、说一千 道一万

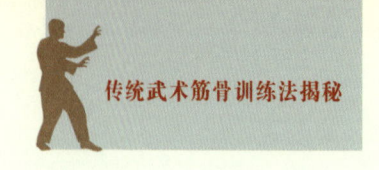

10.1 "手，眼，身，法，步"

"一横一竖，一进一退，一松一弛"构成拳。现代搏击攻与防分得很清晰，而传统拳讲究攻防合一。在运行的路线上，传统拳更偏重于走弧线，善于借助全身重量进行攻击，这就对反应速度提出了更高的要求。同时，传统拳讲究筋骨崩弹，用"崩断弦"的劲意瞬间提升速度，从而达到某种平衡。

彼来我化的那种境界是建立在速度（反应速度、绝对速度）远远超过对方的基础上才能实现的。立体面的进攻可使命中率更高，从头到脚的攻击，可以在一个动作中完成，且如果能形成连续不断的反弹劲力，那将是可怕的。

步法往往是取胜的关键，除了快，还要变，身如弹簧般的窜进，可令对方措手不及。无论现代搏击还是传统武术，都必须具备扎实的基本功，才可以有的放矢。

10.2 功夫在背

有云"功夫在背"，背为人体最大最宽之处。毫无悬念，所蕴含的劲力也是最大的。我们评价一个人的拳架好不好，功夫高不高，可以从背上看出一二。背活并且能崩弹旋裹，如同变形金刚般的根据需要展现出不同的状态，是为活、整。

背的力学构造由胯、脊、肋、肩主宰，它们开发好了，背必然活力无限，潜能尽数发挥。我们在练习翻膀时，将胯肩的拧裹崩弹，肋的折合，脊的旋拧，肩的压弹充分表现出来，从而实现"龙身"。

十、说一千 道一万

所谓"身备五弓",两臂、两腿带身弓,最大的弓在于背,也就是人体躯干,我们只有将背脊盘好,才可以将这把弓的威力表现出来。

10.3 将身体挂在手上

拳谱曰"起落二字一命亡",可见起落的重要与霸道。所谓"起落",如果只是身形的变化,那就不足为奇了。如果能够将身体的起落重量用于拳脚之上,使其瞬间势大力沉,那就变得不简单了。拳谱中有记载,"将身体挂在手上",则为功夫之大成。

身与手的转换点,关键还在于内脏的动,由横膈膜主宰内脏之起落,使身体的重量可以随心所欲得到控制,且能够连续不断进行打击,为功夫的实战运用奠定了扎实的基础。

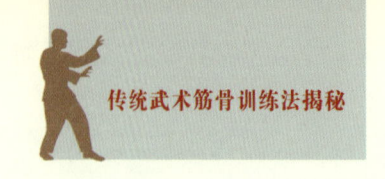

在现代搏击中，体现出"拳怕少壮"，一般拳龄会比较短。而在传统武术中，通过对筋骨、内脏的训练，使练拳贯穿人的一生。身体的重量就是人体最大劲力来源，如果能做到眼到、手到、脚到、身到，功夫也就练得七七八八了。

10.4 力求于"阻"

我们在练拳的过程当中强调"阻力练法"。如何理解，当我们在水中游泳，用四肢进行划动的时候，会感受到水的阻力。正因为这阻力的作用，使我们的身体能够往前移动。

练拳时，在空气中进行，不可能感受到空气的阻力，所以就要求我们用意，以意领劲。这时的"意"，就是寻找阻力的过程了。拳诀讲"以意领气"，而实际寻找的并不是"气"的运行，根本目的是产"力"。肌肉用力，会使得"关节"无意识中被固定，使得"筋"不能弹，此时"撑筋拔骨"就无法实施。如何"以意领劲"？通过关节拧转来达到锁定局部关节的效果，同时大筋也被搞成麻花状，在形成阻力的同时也产生了动力。皮筋的特性是抖颤，当这种"颤"延伸到四肢梢节，也就能够"身备五弓"了。

10.5 练步在身

传统拳的魅力在于"整体劲"，定步发劲不难，但在快速运动过程中还要保证身体的整体劲，则不是容易的事。

十、说一千 道一万

练拳不但要开发筋骨，更要能开步。然而，言"步"，其实质又不在步，当脚走出第一步的时候，实际上已经破坏了整体。"出手似箭，出腿如钻"，其根基不在于梢，而在于身，身如弹簧是关键。我们要能够形成整体前窜的劲力，首先要具备身如弹簧的功力。

所谓"弹簧"，就是胯要能弹，肋要能折，肩要能按，胯要能坐，节节贯穿，起于梢节而落于根节，而后节节反弹，猛然窜进，身体如炮弹出膛般弹射而出，充分体现出硬打硬进的实战风格。在实战技术中表现出来，则能够实现"球体打人"的效果。

10.6 龙虎之劲

练拳其实并不难，只是练的人把它想得很复杂。人体最大的劲力应该是纵向的力，比如一根筷子，横向易折，纵向则能承受很多倍的力。

由此可见，人体最大的劲力，应该是身体纵向的劲力。那如何将纵向的劲力体现出来呢？观察一下挑担，几百斤的重担，用手提或用腿蹬，都是极其不易撼动的，但是为何架在肩膀上，一个瘦汉就可以轻易挑起几百斤的重担呢？细心的朋友一定发现，挑担者先是屈胯弯腰，而后屁股往后一拱，担子就起来了，其实这把劲力，是将人体的大关节充分整合起来，也就是我们所说的"龙虎"之劲。我们在练拳时，如果可以肩如"挑担"，把"胯，脊柱"之劲充分拔伸出来，则功力陡增，加上合肩合肘，一身劲力可瞬间贯穿于手，令敌无法阻挡。

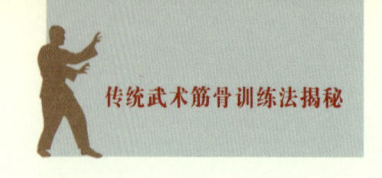

10.7 气浮于胸，必不利于发劲

实战中的心浮气躁，会使劲力无法发出，好像听起来没有道理，但细细分析一下，大家就明白其中的道理了。性急，则怒气填胸，使得横膈膜受阻而无法上下颤动，就如同在一个弹簧之中卡上一个物体，身体的整体弹簧瞬间瘫痪而导致发力不顺，甚至劲力无法发出，所以说练拳切忌在心情不好的时候进行，会损伤身体，确实是有道理的。"在气则滞，在意则灵"也从侧面道出了"气要顺"不可强求的道理。

10.8 取"法"为拳

拳谱曰："含胸拔背，沉肩坠肘，提肛缩阴，虚领顶劲。"这些都是所谓"内家拳"中的要诀，要求具备了以上特征，才能发好劲。如果按拳谱练习，不少朋友有顾此失彼的感觉。就好像魔方，整好了这边，那边又乱了，总感觉很难将所有因素同时做到位。但是，如果脱开拳谱，让大家模仿一个猫扑老鼠或者老虎扑人的动作，个个都是惟妙惟肖，活灵活现。

其实，练拳就是这么简单，拳诀都是从象形中总结归纳而来，为便于练拳人记忆，变得抽象，但却误导了很多人，刻意为做到以上的要领而花费了大量的时间，只为了模仿一个定式的动作，岂知道，我们要的是"势"，动态的，而非静态的"式"。到头来，还不如模仿动物的一个扑击来得实在！

10.9 尾闾升劲

"身备五张弓",两臂、两腿加身弓。从生理结构上来讲,臂与腿跟身体躯干之间,存在着众多不同点。两臂、两腿的弓,是由"肘与膝"关节的撑拔,通过大筋崩起实现的。脊柱由多节脊椎构成,所以整个脊柱都是"弹簧"。如果把肘、膝关节比作发动机,脊柱便是由若干台发动机组成,可见,脊柱的潜力非同一般。

古谱有云"尾闾升气",从道家学说任督二脉来讲,任为阴,督为阳,由督脉升,由任脉降。从功夫的层面讲,是"尾闾升劲"而非"气"!"尾闾"就是尾巴椎,讲含胸拔背,沉肩坠肘,命门外凸,谷道上提,说到底,也就是为脊柱拉成弓服务的。尾闾前收而上拔,两肩压而沉,脊自然能撑,节节挣开,如蓄势之弓。

10.10 以"梢"为气

传统武术中讲的"三尖",即鼻尖、肩尖、脚尖。三尖为气,即以意领劲。说是"气",实质还是指"筋骨撑拔"。有另一说,"以梢为气"论,更直接地说明了打击形成攻击力,靠的还是手脚等梢节。梢节起、中节随、根节追,体现"尖"与"根"的同步,形成整体劲力。

盘练过程中,多用意而少用气,气随意行,眼到、手到、脚到,方可随心所欲。学者不明白其中奥妙,随便用气,反而误入歧途,起不到辅助的作用,变成意淫。不如由筋骨入手,不易偏差,且简单易学。驭气之道,无非内脏起落提坠,再无其他。将内脏与筋骨相融合,以内脏的惊带动筋骨的弹,必是康庄大道。

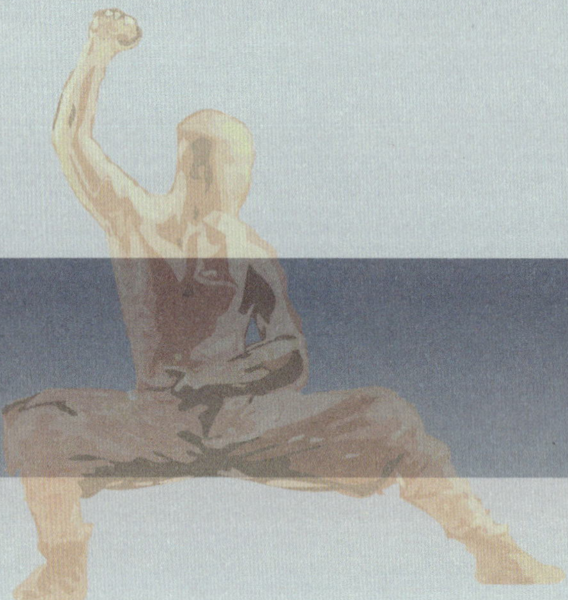

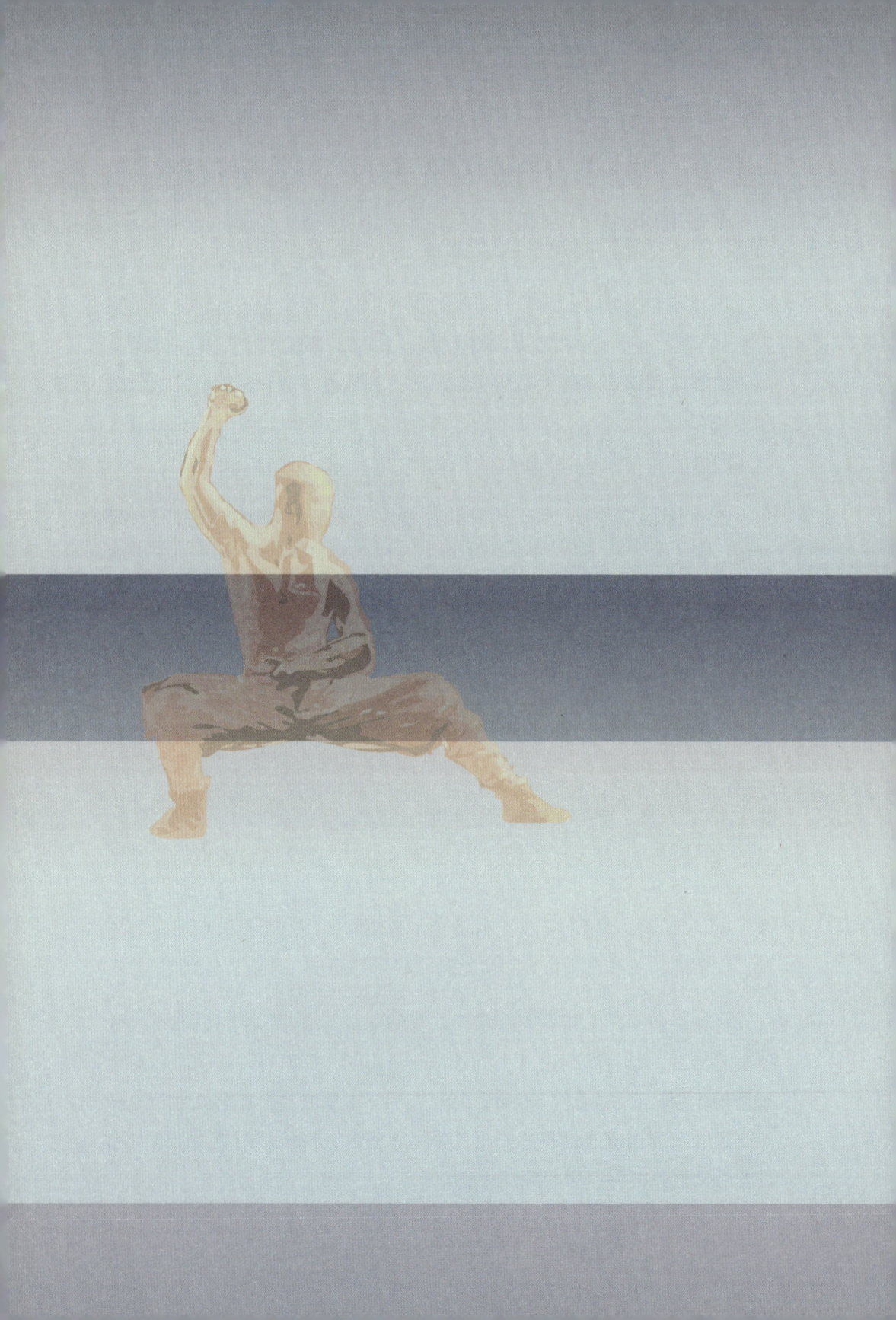

十一、杂谈

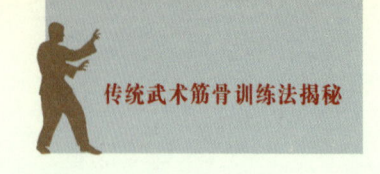

11.1 何为大筋

大筋，在中医上是对一部分跟腱、韧带和筋膜这类致密结缔组织的统称。以前我们小时候喜欢玩弹弓，上面的牛皮筋是牛筋做的，大家都知道这东西弹性很大，很有韧劲，且有句老话说，牛越老，牛筋的力量就越大，称之为"老牛筋"。

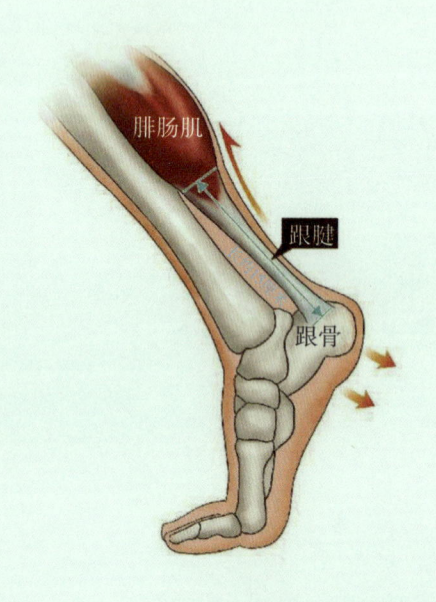

人体中大筋最容易观察到的就是小腿的跟腱，从事运动的人都知道，小腿部的跟腱越长，弹跳力就越好，所以选运动员时，往往会选跟腱长的，特别是短跑、跳高等需要爆发力的项目。但现代运动中，不推崇大筋的训练，依然采用了肌肉松紧爆发力的训练，所以对肌腱的强化不够。

十一、杂谈

而我们的体系对大筋的改变是根本上的。有很多人认为撑筋和拉韧带一样,这个观点是错误的。首先,我们知道韧带在骨骼发育完善后基本就定型了。然后,拉韧带是通过拉伸极限法,来使韧带松弛或者说拉长,从一定程度来说,它失去了一部分弹性,并且长时间不锻炼,会导致韧带再次退化。

而开胯、开肩这类的撑筋拔骨练习,是从根本上改变了筋的生理构造。一方面打开骨缝,另一方面增强大筋的强度和韧性,从而使大筋具备更胜以往的弹性,能更好地产生动力和传导劲力,并且不会因为长时间的不练习而改变,可以说是从根上改变了人体结构。

故而在很多传统武术流派中,撑筋拔骨的练习是作为门内绝技而从不外传的。

11.2 典传国术与养生

大家都知道,典传国术以训练人体的筋骨、关节、内脏为根本。通过撑筋拔骨,来盘活内脏,以外炼内,以内带外的训练手段,使人在短时间内达到筋骨齐鸣,身备五弓,出手如弹簧的效果!

在传统拳界,长寿者居多,且至晚年,身板依然挺拔,精神抖擞,是为门内一大幸事,从中值得我们深入探究。

从中医学的角度来讲,一直流传着"筋长一寸,寿增十年"的说法。究其根源,我们知道,筋长则关节窍开,无阻滞,血管动脉弹性增加,促进了血液的运行,生命体征自然增强,对应了典传国术撑筋拔骨所产生的效果。

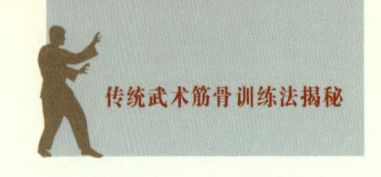

由于地球的引力作用，人的年龄越大，内脏下垂得就越厉害，我们可以观察一下老年人的小腹就明白了。道理也很简单，随着年纪的增长，内脏之间相互的拉升力就越来越差，从而导致无法支撑内脏的重量，内脏下移，涌向小腹，老年人小腹部鼓胀，这也是人体衰老的标志之一。在习练典传国术体系时，我们除了要求身体的撑筋拔骨之外，更要求做到内脏提坠，惊起惊落，甚至左右翻动。胸廓增大，肺活量增加，内脏间肌腱拉力增强。长期习练，人至老年，依然可以保持身体的挺拔，以及内脏功能的强大。

11.3 筋骨、关节、内脏与健康的关系

人抵抗不了生老病死，拒绝不了衰老。年轻时的不知疲倦、活力四射，人到中年的身体臃肿、大腹便便，这似乎是一个必经的规律。我们不能抗拒老去，但我们可以使自己衰退得慢一些，生活质量好一些。

年轻时，人体的关节充满弹性，关节缝隙较大，关节润滑液充斥其中，充满弹性。随着时间的推移，关节缝隙开始闭合，循环系统受阻，关节活动范围变小，身高也开始负增长，甚至会出现驼背现象。

一棵大树，把树干用铁丝拧紧，将无法正常传递营养，树会慢慢衰竭。人的关节闭塞，循环系统不好，也会因营养缺失而衰老。再次，随着年龄的增长，小腹的部位会越来越大，尤其是生过小孩的妇女，这是内脏衰退的标志，因为内脏置于人体内，无法有效运动到这一块，内脏间的肌腱组织日趋衰退，拉力减弱。由于地球引力作用，内脏受的重力大于内脏间肌腱的拉力时，内脏就开始下坠。如果能够锻炼到内脏，使

内脏提坠翻滚，有效增强肌腱拉力，内脏会越来越健康；同时腹腔内上至横膈膜，下至睾丸，都是跟内脏连接的，经常运动内脏，健康则无处不在。

11.4 练拳是门精细的活儿

练习传统武术，必须要入门。"师父领进门"，关键在于领，如何领、领什么？这决定了习练者日后的成就。每个人的资质大同小异，即使有悟性极高之人，路走错了，一样无法自拔。

师父教徒弟，说"拳打千遍自然精"，可知道，练拳练一辈子没有功夫的大有人在，他们每天练三四个小时，从来不偷懒，累计下来，何止千遍！

拳谱讲得明白，要"身备五张弓"，也暗指要"撑筋拔骨"，但怎么撑、如何拔？知者甚少，最后形成了清一色的弯腰驼背，静态形体，殊不知"弓"的特性是"弹"，这是在动态中完成的。

追求整体劲，每个人都期待，并且也都知道整体劲要将身体所有的关节整合好，却不知整体劲力最大的来源是自己身体的重量。控制自己的身体重量进行攻击，将自己的身体像球一样砸向对方，我们称之为"球体打人"。如何砸？有人说冲过去，那我告诉您，当您从迈开步的第一时间起，就已经破坏了整体。不用脚怎么动？"践"呗！跟跑有什么区别？那区别就大得去了，"践"是如同弹簧般弹出去，前提是将身体的所有关节开发好，使得身如弹簧，否则只是天方夜谭。

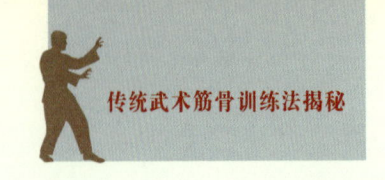

传统拳当中不是有"过步践窜"吗！能跳能跑的人不少，能践的人真不多。单有身体的水平移动还不行，得"落地"，用身体重量去砸人，然后就有了"千斤坠"。这是什么意思？就是身体重量的快速下砸形成的劲力。要砸得快，砸得狠，那又得需要筋骨劲力的支持，缺少筋骨力，千斤坠只能是说说而已。大家都知道，打击的主力部队是四肢，它们是先锋，可以放长击远，那就得练就"将身体挂在手上"的功夫。连接手脚和身体的秘密武器是什么？直言不讳地告诉大家，是内脏，并且得做到内脏"惊起惊落"才算有效。

所以说，练拳是个精细活儿，必须在系统的指导下，才能练得好。不求多，但求精，各个击破，而后才能举一反三！

11.5 实战中传统拳缺少什么

"眼为见性，耳为灵性，心为勇性"，遇敌心生胆怯是实战中普遍存在的现象，原本深厚的功力，此时不见，为何故？实为缺少勇性！面临危险，心生胆怯，是普通人正常的反应。

如何可以做到无所畏惧呢？传统拳在实战普遍缺少的情况下，想要练出胆子，确实不容易。拳诀中称"心一颤，四梢皆至"，可以看出，人的反应动作可以在人心生怯意的同时瞬间体现。打比方讲，我们突然去吓一只毫无戒备的猫，会发现，猫在瞬间的反应无懈可击，几乎是你表现出吓的动作，它也瞬间完成了整个躲闪的过程。由此可见，某些动物确实可以做到心惊身动。如果有意识培养这种能力，完全可以做到心

十一、杂谈

惊带动横膈膜的动,横膈膜的动带动内脏的动,内脏的动带动全身筋骨关节的动,一个完美的劲力传输系统就呈现了!

实战运用中,可以达到"彼不动我不动,彼预动我先动"的效果。如果可以把这种能力优化为一种主动进攻,那这种攻击能力绝对是"眼到、手到、脚到,打人如拔草"。

动物扑人时的野性,跟身体的惊颤之动有直接关系,事实上,如果能够用惊意控制身体的"颤",那么就无所谓怕与不怕了,身体的速度超过了思维的速度,打倒人还嫌慢了!

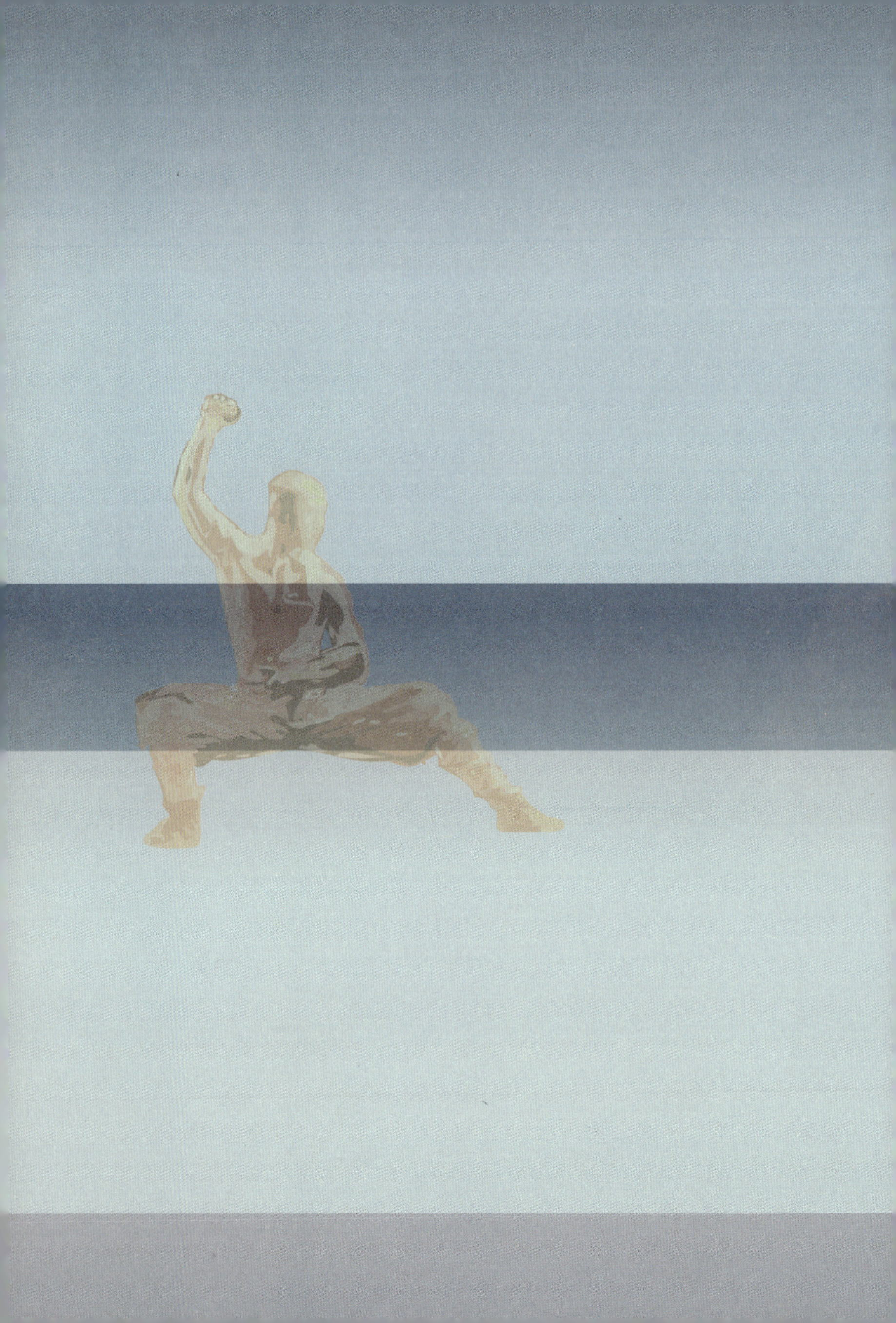

十二、开胯篇

12.1 开胯简述

开胯主要练习胯部的大筋。所谓胯部，就是盆骨。盆骨是人体最大的一个关节，我们要借助这个关节产生横向的劲力，主要通过胯根的大筋撑拔进行崩弹练习。

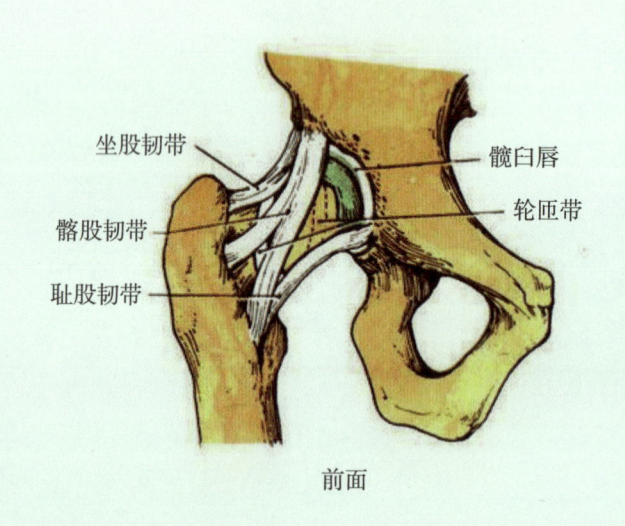

坐股韧带　　　　　　　　髋臼唇
髂股韧带　　　　　　　　轮匝带
耻股韧带

前面

练拳之前首先要明白自己的骨架结构，要知道什么是撑筋拔骨，这点非常重要。实际上在我们练拳的整个过程中，撑筋拔骨占了相当大的比例，除了筋骨以外，就是内脏。我们要进行筋骨的训练，就必须要知道关节的结构。我们通过上图可以大体地了解关节是包裹在关节囊内，关节之间是由白色的韧性物质所连接。这种物质的特性类似于我们平时用的橡皮筋，它具备一定的弹力，主要起到的作用是帮助关节进行运动，同时又能使关节不脱臼，能够保持在固定的位置。我们经过特定的训练，使连接关节的大筋拉开，产生一定的弹力。

十二、开胯篇

　　我们就是要通过这样的训练方式，将身体的关节逐一地进行盘练，如肩、肘、胯、膝和脊柱都是我们盘练的主要关节，通过特定的盘练，能使这些关节具有弹力，它的运动在关节大筋的帮助下就能够更快、更加有力。

　　当我们将身体的所有关节都逐一地进行盘练后，就类似于在人体的每一个关节加上了一个弹簧，在运动的时候呈现出半自动化的状态，关节只要到达一定的角度，只要大筋能够撑起，整个关节就能够崩弹而出，当然了我们可以将所有的关节进行整合，形成一把整体的劲力进行崩弹，这就是我们传统拳所说的"身备五张弓，五弓合一"。

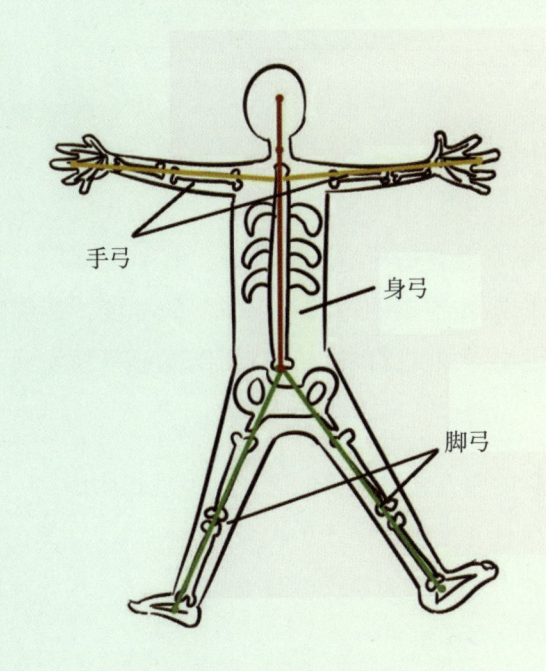

手弓

身弓

脚弓

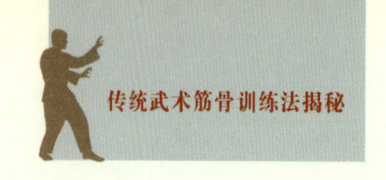

那么在做到"五弓合一"之前，我们需要做的是将每个关节逐一地盘开。本篇我们主要讲的就是开胯，开胯就是开的胯关节的大筋，使关节拉伸开。我们知道关节的缝隙脱开以后变大，那么连接关节的大筋势必就能够撑起绷开，从而产生崩弹的劲力。

因为我们知道大筋的特性类似于皮筋，我们将一根皮筋的两头拉起，将皮筋绷紧，这时候皮筋就具备了能量，具备了崩弹的劲力，当我们用手去拨动这根皮筋的时候，皮筋就能够连续不断地反弹，产生力的作用，其实人体大筋的特性跟皮筋是一样的。

12.2 开胯练习方式

读者可以看一下陆老师连续劲力视频（观看视频请添加微信官方客服）。很多朋友问陆老师什么时候能练成这样子，实际这个动作就是靠筋骨的崩弹劲力打出来的，看上去这个动作比较简单，但其实并不简单。它需要将身体的所有关节都开发好，能够同时整合成一把劲力，也就是我们刚才所讲的"五弓合一"的程度，能够瞬间将所有关节整合在一起，连续地进行崩弹，达到既能够单独发劲，也能够整合发劲的程度。

练习过拨胯的朋友，在拨胯的时候会发现当胯练到一定程度，不但能够拨出去，而且能反弹，能产生很强的反弹力。上面说到的视频中所表现出的连续劲力之所以能连续不断地打击，就是因为大筋具有反弹的作用效果，所以能够连续不断地进行发力。

十二、开胯篇

所以我们首先要把胯开发好,当有了胯这个基础以后,再将其他关节逐一地盘开,就能产生连续的劲力。胯这个关节比较特殊,它比较大比较宽,具有横向劲力,在拳谱里胯劲叫作"虎劲"。

我们常把脊柱称为"龙",把胯称为"虎",二者所发之劲合称为"龙虎之劲",合起来就是我们说的螺旋劲力。但螺旋劲力的由来需要其他关节的辅助,才能形成一个整体的螺旋。

练胯之初,最要确定的就是我们的胯能够拧转。在教学过程当中,发现很多朋友练习拨胯的时候喜欢站成一个高马步桩或者是站桩的姿势,也就是将裆部撑圆微蹲这样的姿势,我们要知道用这样的姿势进行站立胯本身就无法拧转了。那么怎么样去实现拨胯呢?关键在于站立的时候并不需要圆裆,尖裆就可以了。用手抓住你的髋骨(两个大耳朵连线)拧转,能够自由地拧转就达到我们的要求,所以站位一定要自然。

当我们的胯能够自如地拧转以后,首先要学的一个动作就是一个完整的拨胯动作。这个动作看起来简单,其实也不容易,大家可以先模仿这个动作,不需要发力,只需要把整个手臂走的过程做圆满了,然后再考虑发劲的问题。

当我们能够将动作左右连贯起来以后,进入一边动作的练习,将一边动作盘练熟练以后,再练习另一边的发力。首先胯带肩内拧,将肩膀拧到最大的位置,然后将肩膀锁定,这个时候要将胯根绷紧,然后将手拨开,这是一个动作的过程,但是在实际过程中要撑开胯,必须借助膝盖的帮助。

刚才讲的是腿部的动作，接下来讲一下上肢的动作。我们要做到哪几点呢？第一就是合肩，把两个肩膀向前、向内夹紧；第二叫作夹肘，就是将两个肘关节尽量地靠近，实际上合肩夹肘可以理解为一个动作，只要你肘夹了肩一定会合在一起，一定会往内合。

将两臂伸直然后将肘关节尽量地贴近，就完成了合肩夹肘的动作，那么这时候会发现我们摆了一个姿势，就是拨胯时手臂的动作。那么在拨的时候两臂尽量地合在一起，内侧的手臂放在拨开手臂的内侧进行一个支撑，这时候尽量把腋下夹紧，使两臂形成一个整体，在拨开发劲的时候千万不能够用手臂进行发力。

腿部动作和上肢动作合起来，就是一个完整的动作了。

12.3 开胯练习误区

在练习的过程发现有几个问题，需要解决一下。

第一，就是大家习惯于用腰发力，"腰"也就是腰椎，实际上我们知道脊柱很细很长，它有纵向的支撑力，比如挑担时可以挑起几百斤的重担，但是脊柱很细，它像筷子一样，或者说和你的手指一样，只要人家抓住你的手指轻轻一拧，你会吃不消。其实我们的腰椎也是一样的，腰椎很细，它有纵向的支撑力，却没有横向的拧转劲力，长时间用腰发力的话，会感觉到酸疼。所以在这里要强调一下，练习第一步要把整个脊柱固定好，不要让腰椎拧转，要转的话就整个脊柱拧转，而不能够用腰椎进行拧转。如果我们长时间用腰椎进行发力运动，那么会发现腰酸的问题就来了，所以我们要尽量规避这个问题，尽量固定整个脊柱，做整体运动，这是一个很关键的问题。

十二、开胯篇

观察家里的猫狗、动物的膝盖，我们会发现都是保持好固定的角度没有屈伸的，它运动、前进主要通过胯和脊柱的摆动快速移动，实际上腰并没有起到什么作用，整个脊柱像一条大龙整体运动。

以前一些拳论上讲婴儿用手推大人劲力很大，是一把整体力，他的脊柱也是弧形的。人和动物运动的时候有很大的差异，人在走路的时候主要靠膝盖屈伸蹬地，动物走路的时候靠胯脊摆动；人在拿东西的时候主要依靠肘关节的屈伸，动物的前肢在运动过程当中还是依靠身弓和胯的摆动。

我们练功就是要恢复身体的弧度，练出身弓，和动物一样整体发力，这时腰椎就不存在了，腰一动整个脊柱都动，而不是单一关节的动。

第二，要注意两手臂跟肩要形成一个整体，手臂要做到手指撑开，掌心内含，手臂贯足劲力跟肩形成一个整体。

当胯带肩拧转的时候，脊柱起到一个固定的作用，胯带肩动了，肩跟手臂又是一个整体，手臂必然就会拨开，所以整个发力过程的主导就是胯，胯的动力源于外侧胯根的大筋的绷起，这就是弓上的一根弦，弓就是我们身体的骨架。

如果掌握不好控制脊柱，使手臂跟肩形成一个整体，希望能够练下面这个捧西瓜的动作：将手臂伸向身体的侧面，两手掌之间似乎抱着一个西瓜，然后通过外胯根的撑开进行发力。当然前提是先撑开胯，然后猛然使西瓜（也就是手臂）从身体的侧面搬回到身体的正面，这个过程当然是要用点力的，这个力在于胯根的绷紧，然后能够一下子带动手臂，将手臂拉回到体前。

第三，前面在学习的过程当中有很多朋友长期使用肌肉发力或者练习肌肉力量，因为肌肉力量的训练主要是肌肉的松紧变化，肌肉松得越好，产生的爆发力越好，所以很多朋友会在松的状态下去寻找劲力，实际上这样一来完全就找不到大筋的感觉了。

为什么？你把自己的大筋当成一根琴弦，你不把琴弦绷紧怎么能产生弹呢？怎么能发出声响呢？有朋友说大筋跟琴弦不一样，怎么也会发出声响呢？其实大筋也会发出声响的，因为大筋跟皮筋特性是一样的，当你崩弹的时候，它也会发出"嘭嘭"的声音，特别是在开肩的练习当中，这个现象就会特别明显。因为胯离你的耳朵比较远，所以即使有声音出来也比较小，听起来也比较闷；当我们在练习开肩的过程中就会非常的明显。以前有些老拳师教拳的时候隔墙就知道徒弟练的对不对，实际上他也不能透视这个墙壁，关键还是通过辨音、听声音从而判断是不是用的筋骨力，就这么简单。肌肉是在松紧中练习，筋骨就跟琴弦一样需要紧，紧住弹的时候用手指拉琴弦就又紧了一下，所以叫作紧中紧，肌肉叫作松紧。所以大家在练习过程中必须要紧、再紧、弹，一下就变成了颤劲，像弹簧一样的劲力。

12.4 常见问题答疑解惑

有些朋友问：我如何撑开胯根呢，哪里是胯根呢？

我先回答第一个问题，如何撑开外胯根？看下图，用一只手将要拨开的手臂固定住，不要让它拨开。我们知道把这个手臂拉住了，肩也就锁定了，当然我们知道肩要锁定到下巴的位置，同时固定好，这叫作锁

十二、开胯篇

定。然后单独地撑开膝盖，用这个动作进行强化，让我们感受到胯根大筋的撑紧崩弹拉开，使胯根到脚趾的大筋撑开，再将手臂拨开发力。

实际上在拨开手臂之前，最需要做的是固定你的肩，撑开你的胯。那么我们想啊，胯往外撑开，肩锁在肩膀的地方，胯跟肩之间是不是有对撑的劲力呢？就是一个要往左一个要往右，它们两个之间在拔河，两者之间越拔越紧，胯根就越拔越紧，大筋就能够崩弹发力。其实我们知道只要肩不走手臂走不了，手臂不走肩也走不了，它们俩是一体的，所以我们只要有意识地将手臂停留在原点不动，用胯拼命地拉肩即可。

当我们感受肩部被拉得非常非常紧的时候，那么我们就解锁手臂的阻力，一下子将手臂往外拨开，这时候我们就能够找到手臂前的阻力。当然这个拨开是胯大筋发力带动肩最后带动臂，或者我们用另外一个方式解释，就是手臂被一个物体所阻挡，那么我们用肩用胯一起帮助，使手臂挣脱这个阻力，也是一样的，就看大家怎样去理解了。

然后要注意一些细节，第一就是练习拨胯的过程当中，注意五指要分开，掌心要内含，手臂贯住劲；第二就是脚趾要抓地，如果脚趾不抓地，那么膝盖很容易左右拧摆，在这里我要强调的是，在发力的瞬间，膝盖是绝对不可以摇摆拧动的，必须是固定的。因为我们知道膝盖的中间是半月板，半月板是消耗品，膝盖擅长于屈伸，但是却不善于横向的拧转，那样容易伤到膝盖伤到半月板。

所以请大家在发力的过程中，使脚趾抓地，将膝盖固定好，不要让它拧转拧摆，特别是发力的瞬间。那我们可以做到的就是锁肩、撑胯的时候可以借助膝盖慢慢地往外撑开，这种慢撑开对关节没有损伤，注意是慢撑开，可以辅助一下找到撑开胯的感觉，我们可以这样去做，但是发力的瞬间是绝对不能拧转膝盖的。

那么有朋友问，说胯带肩拧转，那么胯不可能拧转到身体前90°，肩跟胯是平行的，那么肩是如何到达下巴的呢？在这里我们注意下，当胯先带肩内转，胯跟肩是平行运动，转到一定的角度以后，胯不能转了，那么肩也不转了，如果再内拧，就是转腰了，所以我们要避免，这时候我们将肩往内扣了一下，我们发现这样一扣肩真的到了下巴的位置，所以肩不是依靠腰转到下巴的，而是靠扣肩做到的。

12.5 总结

最后我们总结一下。

第一，两脚与肩同宽，脚尖朝前，必须是朝前，膝盖朝前，胯要自然，不能够圆裆，要能够保持胯自如地拧转；

第二，我们用胯带肩内拧、扣肩，将肩膀拧转到最大位置；

第三，我们撑开胯根，使胯根的大筋能够绷紧，如果感受不到，可以借助撑开膝来体会撑开大筋；

第四，当我们锁肩拉胯做到位以后，用胯拉肩，感受下大筋的极限绷紧；

第五，脱开手臂的阻力，将手臂拨开，在这里强调一下手臂拨开的时候不能超过同侧脚的脚背上方，如果超过了很可能用上转腰的动作，会出现腰酸的迹象，所以大家一定要避免用腰椎拧转发力。

接下来是几个小的注意点：

第一，就是手指要绷开，掌心内含，手臂要贯足劲不能松；

第二，是脚趾要抓地；

第三，是整个脊柱固定好，整体拧转，随胯跟肩一起拧转，不能拧转腰部，也就是腰椎的位置；

第四，就是要注意到合肩夹肘，将手臂和肩膀形成一个整体，肩动即是臂动，臂动即是肩动，不能用手臂单独地发力。

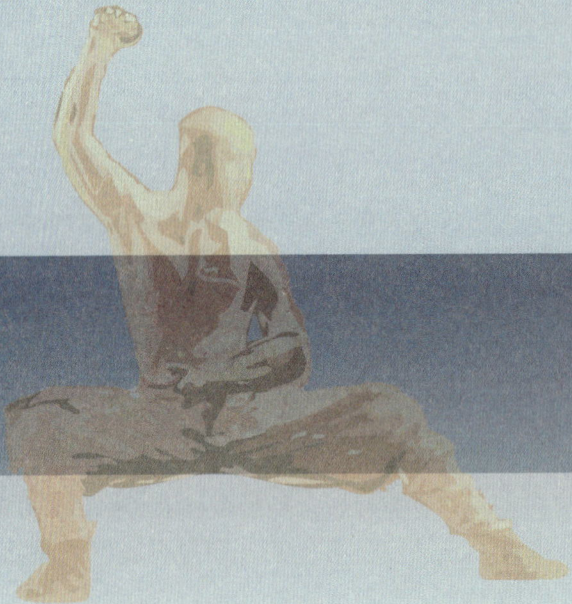

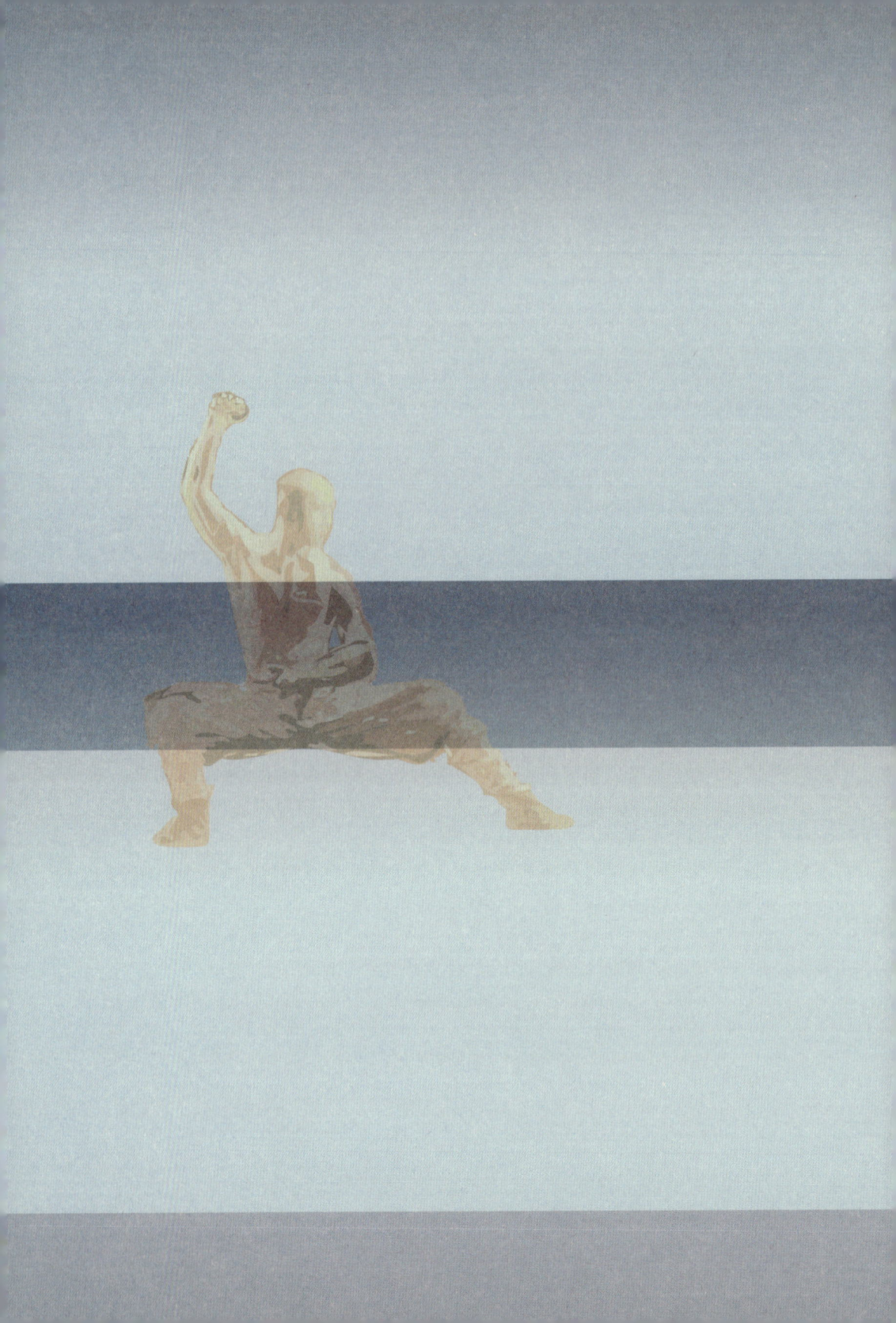

十三、后记

传统武术筋骨训练法揭秘

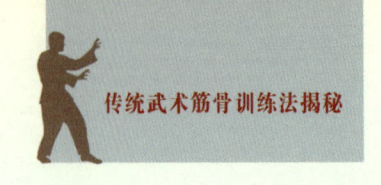

谈传统武术与现代搏击的异同点

传统武术，特别是内家拳，在一般练拳人眼中是十分神秘的，曾有不少人问我，内家拳有没有什么心法秘籍，我回答没有，他们还不相信，觉得我保守！其实我只是实话实说。传统武术跟现代搏击之间，只是训练方式不同，所要达成的目标不同，在训练方式上，都力求科学、技术完整。

内家拳讲打人如拔草，打人如走路。但纵观整个武术界，真能做到的，是少之又少！而现代搏击，你只要报个培训班，强化训练三五个月，都可以轻松战胜普通人。我们不禁要问自己，是练错了，还是没有练到呢？曾有徒弟问师父，师父回答说，"就这样练，十年以后就成了！"但实际情况是，熬到胡子白，除了年纪增长以外，你还是原来的你！所以在练武人的心目当中，自然把内家拳归类为养生，教拳的师傅也是默默认可，至少这样还可以教下去，在局部领域里，有自己的一席之地。

现代搏击的技术，无外乎直、摆、勾拳，鞭腿、侧踹、正蹬、下劈，加摔，技术简单，但容易掌握，通过数量的不断强化，可以在短时间内拥有基本的实战能力。武术产生于战争年代，适用于战场，在生死搏击中流传下来，其实战性是不容忽视的，出手如箭，回手如钩，心一颤四梢皆至，轻如鸿毛落，重似泰山，都是对当时内家拳的评价之词。

十三、后记

在一位朋友的空间里看到一段话，是这样形容传统武术的。

1. 拼命造拳，乐此不疲。

2. 套路盛行，拳行八股。

3. 扯佛论道，神秘包装。

4. 迷信先人，故弄玄虚。

5. 恐惧实战，推手代替。

6. 痴迷发力，不顾客观。

7. 象形取意，人装畜生。

8. 夜郎自大，老子第一。

9. 好为人师，误人子弟。

10. 闭门造车，拒绝交流。

11. 知识浅薄，违背生理。

12. 师父输不起，徒弟不争气。

13. 牛鬼蛇神横行，伪太极害死人。

14. 死练拳，练死拳，跟科学过不去。

15. 博大精深害死人，规则游戏忽悠人。

16. 内家外家云山雾罩，推手散手互相贬低。

17. 相互抄袭演练格式，太极配乐武舞垃圾。

18. 牛鬼蛇神横行，李鬼害了李逵！

看了以后，颇有感触，民国以后，创拳之风大盛，令曾经辉煌的内家拳光环不再，甘沦为养生锻炼的晨舞，实在可惜。作为传统武术的一员，深深为武术明天的发展担忧！但我个人认为，传统武术的东西并没有丢！

无论是现代搏击还是传统武术，其目的都是实战，就是将对方快速击倒，甚至在某些方面，传统武术比现代搏击来得更狠一些！在训练体系中，现代搏击是以训练肌肉的快速收缩，以及身体的力圆转动来达到增强打击的效果的，往往会使用轻重量、快频率的肌肉训练，一天打上千拳、出上千腿，更是家常便饭。而据本人练习和体会，内家拳是以撑筋拔骨，带动四肢崩弹，以及内脏的运动来带动整个身体的重量进行打击，来达到力量的最大化，从某种程度上来讲，传统武术的出手出腿速度可能更快，且连续性更好，如同皮筋弹射出一般，所以穿透力也非常好，加上内脏的定向运动，将身体的重量快速转移到肢节的打击中去，产生的效果是既透又重。在训练强度上，据本人所知，凡是实战性的拳法，都是以盘练单式为主的，每个动作都是几百下，且复合力较多，也就是说，多方位盘练劲力，重复重叠的训练，使得在训练强度上并不比现代搏击少！

如果谈欠缺，我个人认为，在实战对抗上，确实是个遗憾，因为练传统武术的人往往会认为，不用实战训练，几年以后，功力上去了，一把劲就可以把对方打飞，这是一个很大的误区！无论是现代搏击还是传统武术，没有扎实的实战训练，想要达到打人如拔草的地步，都是不可能的！

附录：

典传筋骨开发三大核心

很高兴你能阅读这本书，通过前面的学习，相信你也有很多的收获。

但是理论的学习只是一个开始，只有踏踏实实的训练才能学有所成，我们把典传的筋骨体系分成了三个层次进行教学。

1. 基础核心：六大开

六大开内容包含了胯、肩、肘、肋、脊以及内脏的单盘训练，使大家在6~9个月的时间内能够快速地掌握整个身体的单关节劲力。

在教学过程当中，我们会提供一些简单的组合劲力，帮助大家能够更好地与自己所练习的拳相衔接。

作为一般的武术爱好者，能够将六大开这部分掌握就已经非常不错了。

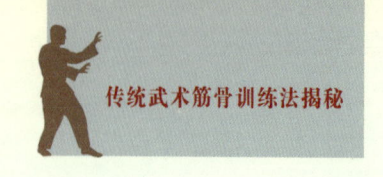

2. 强化整劲：七拳体系

通过前面六大开的学习，即使对单关节劲力掌握得比较好，但是在使用的过程当中，很多时候还是不能够形成内外合一及五弓合一的状态，所以在这个阶段，我们帮助大家将身体各关节整合好，同时形成整体劲力、螺旋劲力，并且在动作使用过程中能够更好地去衔接。通过这一步的学习，基本上每个人都能呈现比较深厚的筋骨劲力效果，功力的提升是非常大的，同时在这个基础上又能够学以致用。

3. 功力提升：筋骨九技

功力提升与整劲的强化部分可以说是平行的，同时又是高于整劲部分的，它必须在基础核心部分练得比较扎实的情况下，再去练习才可以练得好。

其中包含了很多步法、身法的运用，拳谱中有一句话叫作"教拳不教步"。在这一部分当中，我们以身法驱动，练的是以内带外，所以它的层次是比较高的。

当然，你可能只是武术初学者，或者想要圆一个武术梦，但是并没有辨别功法真假的能力。

其实，真功夫不需要你分辨，因为它肯定是立竿见影的，不需要你练个十年八年才知道真假，只要你愿意体验，真心学习，十天半个月，就足够你去辨别。

所以我们为大家准备了三堂课，简单易懂，每天半小时，帮助你快速了解典传筋骨体系，让传统文化精华能够普惠大众。

希望对你有所帮助。

附录：典传筋骨开发三大核心

第一课　深度解析开胯的本质，解决开胯常见问题

课程内容：

（1）腰胯发劲本质到底是在讲什么？

（2）练习开胯过程中，如何保护膝盖、腰椎？

（3）对典传开胯常见的误解有哪些？

（4）开胯练习中有哪些误区？

（5）开胯的核心作用是什么？

第二课　揭秘肩胛在典传筋骨开发体系中的重要性

课程内容：

（1）讲述"身备五弓"中臂弓的构成。

（2）如何有效提升胯肩合劲？

（3）阐述"虚领顶劲，沉肩坠肘"的要点。

（4）示范"按肩以练步"，步法的不传之秘。

（5）讲解肩胛在整劲训练方面的重要性。

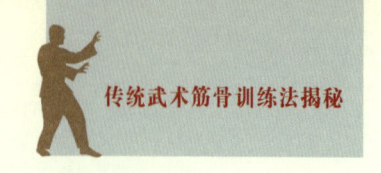

第三课　陆老师讲解完整筋骨体系（20年苦练沉淀，6年经典打磨之作）

课程内容：

（1）何为筋骨体系？筋骨训练体系是如何诞生和发展起来的？

（2）筋骨训练的核心价值有哪些？与西方筋膜健身的异同点是什么？

（3）筋骨训练需要练哪些关节？何为身备五弓？

（4）人体的第六张"弓"是什么？何为"六大开"？

（5）筋骨体系的三个层次是如何划分的？相应要达到什么样的标准？

（6）筋骨体系最主要应用于哪些方面？未来的发展方向是什么？

附录：典传筋骨开发三大核心

以上是课程的部分内容，如果你想要收听，请关注我们的公众号，回复：收听体系课程，就可以获取这些课程的学习名额。（电话微信同号：18862999921）

微信公众平台

典传筋骨开发